AGENTES DEL REINO

25 PRINCIPIOS Y PERSPECTIVAS DE LIDERAZGO PARA EL OBRERO DE DIOS

[Estudios de liderazgo en el libro de 1 Timoteo]

VOLUMEN 4

Por David Mayorga

Publicado por

SHABAR PUBLICATIONS
www.shabarpublications.com

La mayoría de los productos de Shabar Publications están disponibles con descuentos por cantidad especial para compras al por mayor para promociones de ventas, recaudación de fondos y necesidades educativas.

Para más detalles, escriba Shabar Publica- tions a mayorga1126@gmail.com.

Agentes del Reino Volumen 4 por David Mayorga

Publicado por Shabar Publications
3833 N. Taylor Rd.
Palmhurst, Texas 78573
www.shabarpublications.com
www.masterbuildertx.com

Este libro o partes del mismo no pueden reproducirse de ninguna forma, almacenarse en un sistema de recuperación o transmitirse de ninguna forma por ningún medio (electrónico, mecánico, fotocopia, grabación o de otro tipo) sin el permiso previo por escrito del editor, excepto según lo dispuesto por la ley de derechos de autor de los Estados Unidos de América.

A menos que se indique lo contrario, todas las citas de las Escritu- ras son de las versiones Reina Valera version 1960 y Nueva Version Internacional. Usado con permiso.
Portada creada por David Mayorga.
Editado por Jessy Hernandez

Copyright @ 2022 por David Mayorga. Todos los Derechos Reservados.

ISBN: 978-1-955433-05-1

Volumen 4

Tabla de Contenido

Capítulo 1: ¡La Tarea! 5

Capítulo 2: ¡Una Doctrina Diferente! 10

Capítulo 3: ¡Al Que Me Fortaleció! 15

Capítulo 4: ¡Conforme a las Profecías! 20

Capítulo 5: ¡La Vida de Oración! 24

Capítulo 6: ¡Jesucristo Nuestro Mediador! 29

Capítulo 7: ¡Sin Ira Ni Contienda! 33

Capítulo 8: ¡Mujer, Sigue al Espíritu Santo! 38

Capítulo 9: ¡Deseando La Buena Obra! Parte 1 43

Capítulo 10: ¡Deseando La Buena Obra! Parte 2 48

Capítulo 11: ¡Deseando La Buena Obra! Parte 3 52

Capítulo 12: ¡Deseando La Buena Obra! Parte 4 56

Capítulo 13: ¡A Prueba Primero! 60

Capítulo 14: ¡La Casa de Dios! 65

Capítulo 15: ¡Inspiraciones Engañosas y Doctrinas Diabólicas! .. 70

Capítulo 16: ¡La Buena Enseñanza! 75

Capítulo 17: ¡Tú Eres el Ejemplo! 80

Capítulo 18: ¡Sé Diligente! 84

Capítulo 19: ¡Dignos de Doble Honor! 88

Capítulo 20: ¡Cuidado con El *Obstinado*! 93

Capítulo 21: ¡El Amor al Dinero! 97

Capítulo 22: ¡Hombre de Dios! 102

Capítulo 23: ¡La Buena Batalla! 107

Capítulo 24: ¡Poniendo Nuestra Esperanza en Dios! 112

Capítulo 25: ¡Cuida Bien Lo Que Se Te Ha Confiado! 116

1

¡La Tarea!

"Pablo, apóstol de Jesucristo por mandato de Dios..." (1 Timoteo 1: 1a)

Cuando meditamos sobre el hecho de que fue la bondad de Dios que nos trajo al arrepentimiento, ¡nuestro corazón se debe de llenar de gozo! Gracias a nuestro Dios y Salvador Jesucristo, por amarnos de tal manera, aunque no lo merecíamos. ¡Gracias Jesús!

En este estudio, quiero abrir el tema del llamado de Dios sobre nuestras vidas. La pregunta sigue existiendo, ¿Cómo sé que Dios me ha llamado? o ¿Cómo sabré si Dios me llamo a servirle con mi vida? Creo que estas preguntas son legítimas y validas ya que muchos creyentes tienden a caer en la duda en cuanto a lo que es un llamado de Dios.

¡Fuimos Creados Para El!

Para empezar, hay que entender que Dios nos creó y fuimos creados para El. **"Porque en él fueron creadas todas las cosas, las que hay en los cielos y las que hay en la tierra, visibles e invisibles;**

sean tronos, sean dominios, sean principados, sean potestades; todo fue creado por medio de él y para él." (Colosenses 1:16)

Cuando entendemos que el plan de Dios era que nuestras vidas fueron diseñadas para uso de Él, entonces nuestra actitud se alinea con Su propósito. Es necesario que el siervo de Dios entre en la actitud de que Dios nos diseñó con el propósito de llevar a cabo una cierta tarea. Vamos a enfocarnos en lo que es primero que todo – **"¡fuimos creados para El!"**

Para saber si Dios tiene planes de servicio para nosotros, lo primero es hacernos las siguientes preguntas, ¿Esta Cristo aumentando en mí? O sea, ¿Esta mi vida creciendo más y más en la revelación de quien es Jesús? ¿Estoy permitiendo que Su Santo Espíritu sea mi Maestro?

Tarea General

Servicio a Dios [tarea general,] se puede llevar a cabo en muchas formas. Prestar apoyo a una iglesia es servir a Dios. Llevar a cabo un estudio en hogar, también puede ser un apoyo a la iglesia local. Servir de maestro, ujier, tocar un instrumento, orar por enfermos o visitar a personas hospitalizadas, todo esto, es servir a Dios.

Una buena filosofía para desarrollar es esta: Busca una necesidad -

¡y hazla tú! Buscar servir a la iglesia local siempre es una oportunidad de bendecir a Dios y a otros.

Tarea Específica

Ahora hablemos de la tarea específica. En servir a Dios con tarea específica, podremos ver que esto se trata de mucho más.

Mientras una tarea general es servir a la iglesia local con las habilidades y recursos que Dios nos ha dado, servir a Dios con una tarea específica significa que es una vocación más concentrada y especifica.

Por ejemplo, Jesucristo dijo, **"Id por todo el mundo y predicad el evangelio a toda criatura"** como una palabra general para toda Su iglesia; pero a ti, te dijo específicamente, "¡Prepárate¡ Te voy a enviar como evangelista al pueblo de Avakatlan en el estado de Nayarit en el país de México." ¿Me explico? ¿Entienden ahora la naturaleza del llamado específico?

Cuando entendemos que fuimos creados para El y solamente para El, entonces esto nos permite abrir nuestra mente y corazón a las múltiples posibilidades que Dios ha preparado para nosotros desde **"antes de la fundación del mundo."**

Para cerrar este estudio, deje clarifico un poco.

Todo creyente debe servir a Dios en tarea general. ¡Hay que buscar una necesidad, y hacerla nosotros! Si acaso Dios necesita enviarnos a otro lado o alinearnos con nuestra tarea específica, y desea comunicarse con nosotros, Él ya tiene nuestro domicilio y nuestro teléfono, ¡y sabe cómo encontrarnos si es necesario!

Puntos de Impacto

1. ¿Cuándo escuchas la palabra "llamado", que significa esto para ti? Comparte con el grupo de estudio.

2. Al leer las palabras en Colosenses 1:16, "Fuimos creados por medio de él y para él" ¿De qué forma te mueven estas palabras? Estudie más a fondo este pensamiento juntamente con el grupo de estudio.

3. Uno siempre busco lo externo en cuanto al servicio hacia Dios. Haciendo cosas o tarea general, que nos prepara para una tarea específica. Esta es la orden de Dios. Toma este pensamiento y coméntelo con tu grupo de estudio.

4. Comparte la diferencia entre tarea general y tarea específ

ica. Hazlo en grupo.

5. ¿Qué tipo de tarea has recibido hasta ahorita en tu vida? Comparte con el grupo de estudio.

2

¡Una Doctrina Diferente!

"Como te rogué que te quedases en Éfeso, cuando fui a Macedonia, para que mandases a algunos que no enseñen diferente doctrina, ni presten atención a fábulas y genealogías interminables, que acarrean disputas más bien que edificación de Dios que es por fe, así te encargo ahora. Pues el propósito de este mandamiento es el amor nacido de corazón limpio, y de buena conciencia, y de fe no fingida, de las cuales cosas desviándose algunos, se apartaron a vana palabrería, queriendo ser doctores de la ley, sin entender ni lo que hablan ni lo que afirman." (1 Timoteo 1:3-7)

Es importante tocar este tema de las doctrinas diferentes. Obvio que existían todas estas ideas de diferentes pensamientos y doctrinas en los tiempos del Apóstol Pablo. Mis amados, hoy en día, no ha cambiado mucho al respecto. Todavía circulan muchas ideas en cuanto a lo que es una doctrina falso o doctrina de demonios. Estudiaremos este tema.

Cuando el Apóstol Pablo habla de diferentes doctrinas, él está haciendo énfasis en doctrinas que están contra la salvación en Jesús.

Si acaso no lo sabía, durante los tiempos del Apóstol Pablo, había maestros de la ley que exigían que aquellos que habían recibido a Cristo como Salvador - todavía les faltaba guardar la ley de Moisés para ser hijos de Dios y así poder alanzar la salvación.

Hermanos, no hay salvación en ningún otro nombre nos dice la Palabra de Dios. Solo en Jesucristo nuestro Señor. **"Y en ningún otro hay salvación; porque no hay otro nombre bajo el cielo, dado a los hombres, en que podamos ser salvos."** (Hechos 4:12) Requerir algo más que la persona de Jesucristo para la salvación, ¡es errarle a la doctrina de los apóstoles! Jesucristo es suficiente para nuestra salvación.

El Apóstol Pablo sabía que los falsos maestros habían entrado y habían empezado a confundir a los nuevos convertidos. Es por esta razón, que el Apóstol Pablo está hablando de esto.

Fábulas y Genealogías

Dentro de estas doctrinas falsas, se encontraban también fábulas y genealogías interminables. O sea, el Apóstol Pablo de nuevo dice al joven Timoteo, no persigas fabulas (cuento de hadas). Creo que es lo que muchos en nuestros tiempos tienden a seguir como opción de seguir a nuestro Señor Jesucristo.

Las genealogías también se usaban en cierta forma como diciendo, "Mis abuelos eran seguidores de Dios y nuestra familia también seguía a Dios." Todo esto se usaba para tratar de incluirse en la línea familiar y como los antepasados estaban dentro del plan de Dios. ¿Si me explico? Las genealogías se usaban como comprobantes que la persona conectaba con Dios de cierta forma.

A esto de las fábulas y genealogías, el Apóstol Pablo concluye y dice que solo, **"acarrean disputas más bien que edificación de Dios que es por fe…"**.

Al testificar de Jesucristo y la salvación – muchos de los maestros de la ley entraban en controversia y disputas sobre quién podía y quien no podía ser salvo. En vez de traer edificación a los oyentes, los maestros de la ley confundían a la gente.

Esto parece ser la iglesia de hoy en día. A muchos les gusta entrar en disputas en cuanto a sus ideas cristianas. ¡Siempre quieren estar bien con lo que dicen, aunque no lo estén!

¡Es Por Fe!

Cuando evangelizamos, tenemos que saber que es por fe, que las personas creen y también entran al reino de Dios. No es simplemente la inteligencia de saber lo correcto; se necesita fe de Dios para conocer a Dios.

El Cimiento de Nuestro Mensaje del Reino

"Pues el propósito de este mandamiento es el amor nacido de corazón limpio, y de buena conciencia, y de fe no fingida…".

Cuando tú y yo compartimos este hermoso mensaje del reino, el amor de Dios debe fluir de un corazón limpio. O sea, ¡no podemos dar algo que no tenemos! Nuestro corazón tiene que estar lleno de amor y fluir de un corazón limpio.

Otra cosa igual de valiosa es una buena consciencia. Si nuestra consciencia no esta bien, el mensaje estará manchado. La pureza de Dios no fluirá de nosotros y tampoco tendrá el impacto necesario para convencer al pecador.

Finalmente, el Apóstol Pablo nos dice que este mensaje debe ser de una **"fe no fingida."** El mensaje se tiene que dar con la más profunda sinceridad. Si hay amor, si hay una buena consciencia, ¡pero no hay sinceridad – el mensaje perderá su poder!

Debemos estar convencidos que se toman estos tres elementos para tener mayor impacto.

Puntos de Impacto

1. ¿Has escuchado en tu caminar con Dios diferentes doctrinas? Si has escuchado, compártelas con tu grupo.

2. ¿Cómo pudiste discernir las buenas doctrinas de las malas doctrinas? Comparte con el grupo.

3. Fábulas y genealogías son formas de confundir a la persona que de verdad está buscando a Dios. ¿Qué sería una buena idea para ayudar a una persona enredada en fábulas y genealogías?

4. Las palabras, "es por fe," ¿significan que, para ti? Comparte con tu grupo.

5. Un corazón limpio, una buena consciencia, y una fe sincera son los elementos para un mensaje poderoso. ¿Qué más se le puede agregar a tu testimonio para convencer al pecador que no conoce de Dios? Comparte con el grupo.

3

¡Al Que Me Fortaleció!

"**Doy gracias al que me fortaleció, a Cristo Jesús nuestro Señor, porque me tuvo por fiel, poniéndome en el ministerio, habiendo yo sido antes blasfemo, perseguidor e injuriador; mas fui recibido a misericordia porque lo hice por ignorancia, en incredulidad. Pero la gracia de nuestro Señor fue más abundante con la fe y el amor que es en Cristo Jesús.**" (1 Timoteo 1:12-14)

Antes de examinar estas valiosas palabras del Apóstol Pablo, veamos primero el significado de la palabra fortalecido. Originalmente esta palabra significa habilidad, capacidad, o lleno de vitalidad.

Cuando Dios espiritualmente despierta a un hombre o a una mujer para Su servicio, Dios es el que capacita a la persona para mayor impacto. Los deseos de servir vienen primeramente de Dios, y luego, el hambre (apetito) por querer capacitarse para tener mejor éxito en la tarea que Dios ha dado.

El poder de Dios se activa cuando la persona acepta el desafío de servir a Dios con todo el corazón. Es aquí, donde todo siervo de Dios debe poner su fe en Dios y no solamente en talento, dones o ambición personal.

El poder de Dios se encuentra en la persona del Espíritu Santo. Él es el que manifiesta la habilidad, la capacidad y nos trae vitalidad para cumplir nuestra tarea.

Veamos lo que Dios nos muestra a través del Apóstol Pablo aquí…

¡Dios Nos Ve Con Otros Ojos!

"…porque me tuvo por fiel, poniéndome en el ministerio, habiendo yo sido antes blasfemo…".

Quiero empezar diciendo que Dios se le manifestó a Saulo de Tarso en el camino a Damasco y fue ahí donde Dios muestra Su fidelidad a este hombre. Esta aparición de Dios no fue idea de Saulo de Tarso. Esta no fui una junta organizada por el hombre – sino que fue el tiempo de Dios en la vida de Saulo. (Por cierto, Saulo de Tarso, se convirtió en el Apóstol Pablo en tiempo de Dios.)

El Apóstol Pablo hace punto para decir, **"habiendo yo sido antes blasfemo…"**. O sea, esto de ministrar de parte de Dios no fue idea de Pablo. Esta idea no existía en la vida de Pablo, ¡pero en los ojos de Dios sí!

A veces nosotros como personas normales, no vemos o entendemos los planes de Dios. Nos sentimos indignos, no calificados, carecemos confianza para servirle a Dios. Tal vez nuestra educación no está al nivel requerido, etc.

Recuerde, el que nos llama a servir es Dios, ¡no el hombre! Si Dios se ha tomado el tiempo para visitarnos y darnos un llamado, entonces esto indica que Dios ya nos calificó para Su tarea. Guarde en mente esto: Aunque otras personas nos hagan de menos, nos critiquen, nos comparen, o nos tengan envidia, ¡al que debemos agradar es a Dios!

¡La Visión de Dios Es Más Que Nuestra Incredulidad!

"...más fui recibido a misericordia porque lo hice por ignorancia, en incredulidad."

Yo estoy convencido que es Dios el que nos da visión para servirle. Mis ojos nunca vieron las posibilidades que hay en Dios, hasta que Su Espíritu Santo me abrió los ojos. Cuando el Espíritu Santo me habló para una entrega total – mi falta de confianza, juntamente con mis dudas y temores - ¡desaparecieron al instante!

Todo lo que es natural o imposible para nosotros, al ver la luz de Su presencia, se desvanece inmediatamente.

¡La Gracia de Dios es Más Abundante!

"Pero la gracia de nuestro Señor fue más abundante...".

Creo que nuestras fallas o nuestros pecados, o tal vez nuestras vidas pecaminosas antes de conocer al Rey Jesucristo, nos produce cierto obstáculo. A veces tendemos a dudar de nosotros mismos. Solo con recordar nuestros fracasos y eso es suficiente para sentirnos descalificados. ¿O no es cierto?

El Apóstol Pablo nos dice que "la gracia de nuestro Señor fue más abundante..." Aunque uno quiera decir que no es digno de servir a Dios, recuerde, la gracia de Dios es todavía más abundantemente para nosotros.

Puntos de Impacto

1. ¿Puedes sentir la vitalidad de Dios en ti? Comparte con tu grupo lo que sientes.

2. ¿Puedes experimentar la capacidad que Dios te ha dado desde que decidiste seguirlo? Comparte tu respuesta con el grupo.

3. ¿Cuántas veces has visto tu inhabilidad de servir a Dios y

necesitas de Dios para seguir adelante? Comparte con tu grupo.

4. ¿Has luchado contra la incredulidad? ¿Cómo la venciste? Explica tu respuesta y compártela con el grupo.

5. Todo lo que somos y hacemos para Dios es por Su gracia, favor, y poder. ¡Nunca creas que fue por tus propias fuerzas que has tenido éxito! Comparte este pensamiento con tu grupo.

4

¡Conforme a la Profecías!

"Este mandamiento, hijo Timoteo, te encargo, para que conforme a las profecías que se hicieron antes en cuanto a ti, milites por ellas la buena milicia..." (1 Timoteo 1:18)

Dentro del Reino de Dios, uno puede encontrar variedad de ideas y ministerios. Hay todo tipo de ministros, hay todo tipo de iglesias, diferentes teologías, creencias de escatología [estudio de los últimos tiempos,] diferentes estilos de adoración y alabanza, predicaciones o sermones que se enfocan en los temas de la fe, de prosperidad, de discipulado, desafío de ir a las misiones, mensajes de liderazgo para los ministros, o mensajes con énfasis en la familia, etc.

Todas las iglesias son diferentes, todas las personas tienen diferentes sabores y preferencias de cómo les gusta servir a Dios y muchas cosas más. Estoy seguro de que usted ya ha notado esto. O sea, hay de todos sabores y para todos.

Pero dentro de estos diferentes sistemas de iglesia y dentro del ministerio del Señor Jesucristo, usted descubrirá, que el enemigo es el mismo. El diablo sigues siendo el diablo; la carne sigue haciendo de las suyas, y el mundo, sigue seduciendo a los creyentes a que se vuelvan esclavos de él. Simplemente, ¡hay unas cosas que nunca van a cambiar!

En cuanto a nuestra caminada en Dios, uno debe tener bien claro que cuando uno nace de nuevo, uno nace dentro de un campo de batalla. Una nace con la espada en la mano o tendrá que atenerse a las consecuencias. Estamos en guerra continua, ya sea para defendernos nosotros o para desatar a otros. ¡Guerra, guerra, y más guerra!

¡El Soldado del Señor!

El soldado del Señor siempre debe de estar bien equipado para cualquier batalla. Esto no quiere decir que la persona es perfecta en todo sentido de la palabra. No, esto quiere decir que el soldado de Dios, reconoce que Su vida está en un campo de fuego, campo de batalla, y que si no está una vida de disciplina activada en el - esto solo puede significar una cosa – fracaso o naufragio espiritual.

Profecías Personales

Ahora el Apóstol Pablo da una revelación que creo no muchos entienden.

Pablo le dice al joven Timoteo, "**…hijo Timoteo, te encargo, para** que conforme a las profecías que se hicieron antes en cuanto a ti, milites…".

¿Qué es exactamente lo que el Apóstol Pablo le está diciendo a Timoteo?

Lo que le está diciendo el Apóstol Pablo con certeza y autoridad, es que Timoteo recordara aquellas profecías que se hicieron o se le dieron a él. Palabras proféticas que fueran habladas sobre su vida cuando le impusieron las manos los ancianos y oraron por él.

Pablo continúa diciéndole a Timoteo que esas profecías le ayudarían en cuanto a la guerra espiritual que estaría pasando durante el plazo de su ministerio. El Apóstol Pablo sabía muy bien, que este joven discípulo estaría pasando por grandes adversidades, así como el las pasó.

¡Hay Que Aferrarnos a lo Que Dios Nos Dijo!

Mis queridos hermanos y fieles soldados en el servicio de nuestro Rey Jesucristo…hay que aferrarse a las promesas y profecías que Dios nos ha dado personalmente. Las palabras de ánimo, las promesas de un futuro lleno de oportunidad para avanzar la obra de Dios – todas esas palabras se necesitarán en un tiempo cercano. No hay que olvidarlas.

Volumen 4

¡El enemigo sigue buscando oportunidad para desanimar, desorientar, desordenar y detener el fluir de Dios en y a través de ti! ¡Gracias a nuestro Dios El ya hizo la provisión para las batallas!

Puntos de Impacto

1. ¿Sabías que cuando entregaste tu vida a Cristo y naciste de nuevo en espíritu, naciste en un campo de batalla? Comparte esta verdad con tu grupo.

2. ¿Sabías que el enemigo desea destruir la pasión que traes dentro – esa pasión que Dios te dio? Comparte esto con el grupo.

3. ¿Recuerdas si alguien ha orado por ti y a la vez, te dieron palabra profética? Comparte con los de tu grupo y pregúntales lo mismo a ellos.

4. ¿Has pasado por grandes desánimos en tu vida? ¿Te ayudo a salir de la prueba la palabra profética que Dios te dio tiempo atrás? Comparte tu experiencia con tu grupo.

5. A fin de todo esto, debemos saber, que Dios nos dio la victoria en Jesucristo. Comparte este hecho.

5

¡La Vida de Oración!

"Exhorto, ante todo, a que se hagan rogativas, oraciones, peticiones y acciones de gracias, por todos los hombres; por los reyes y por todos los que están en eminencia, para que vivamos quieta y reposadamente en toda piedad y honestidad. Porque esto es bueno y agradable delante de Dios nuestro Salvador, el cual quiere que todos los hombres sean salvos y vengan al conocimiento de la verdad." (1 Timoteo 2:1-4)

Al estar preparando al joven Timoteo para la obra del ministerio, el Apóstol Pablo exhorta a su discípulo a vivir una vida de oración. No solamente que aprendiera a orar, pero que llevara una vida completa de oración.

La persona que desarrolla una vida de oración, ¡siempre saldrá adelante! Aunque las pruebas lleguen y las adversidades rujan como león, el discípulo que ha aprendido a orar y mantenerse en una comunión cercana con Dios saldrá en victoria.

¡Ante Todo Hay Que Orar!

Otro punto de interés es el siguiente. El Apóstol Pablo, "**...exhorta, ante todo, a que se hagan...**" Una persona que vive en comunión con Dios siempre busca de Dios primero. O sea, la persona no actúa sin primero buscar la dirección o el concilio de Dios.

Permítame agregar también que la característica de la que hablo aquí no es común entre los siervos de Dios. Uno creyera que es lo obvio y se debe hacer en todas las decisiones mayores que uno toma – ¡pero lástima que no es así!

Si recuerda durante estos tiempos cuando el Apóstol Pablo vivía – Roma era el gobierno de la tierra, y Nerón era el emperador. La situación no era favorable para los cristianos en esta época. Muchos siervos de Dios ya habían pagado un gran precio por vivir una fe ferviente delante de los romanos y como resultado, encontraron la muerte por causa del evangelio. Es aquí donde el Apóstol Pablo exhorta a Timoteo diciéndole que oraciones e intercesiones se hicieran, "**por los reyes y por todos los que están en eminencia, para que vivamos quieta y reposadamente en toda piedad y honestidad.**"

Créalo o no – ¡nuestras oraciones tienen poder!

No hay nada más poderoso que la oración ofrecida en fe; ¡no hay nada que pueda mover montañas eficazmente, como la oración de fe!

Aunque el emperador era un malvado y había matado a muchos cristianos, el Apóstol Pablo seguía exhortando a Timoteo que siguiera orando por todos los gobernantes en eminencia. Esta debe ser nuestra actitud siempre. ¡Nosotros Sus siervos – creemos en Dios!

Una Vida de Intercesión

Intercesión significa orar por otras personas. Simplemente, significa que tomas el nombre de una persona y levantas ese nombre delante de Dios. Luego esperamos en Dios que nos enseñe lo que debemos saber para ayudarles en su caminar.

Yo considero la oración de intercesión, la herramienta más potente que existe. A través de la oración de intercesión podemos ir a todo el mundo de parte de Dios y hacer la diferencia. Dios nos ha dado esta herramienta y hay que ponerla por obra.

Si gustas empezar una vida de interceder por otros, sigue estos pasos:

(1) Haz una lista de nombres de personas por las que deseas orar o que Dios te está dando para que ores por ellos. Siempre es bueno mantener una lista de nombres y llevarla en tu Biblia.

(2) Cuando levantes a la persona delante de Dios, escucha

por lo que Dios te quiere decir en cuanto a ellos. A veces Dios te dará una palabra profética; a veces Dios te dará instrucción para ellos, etc.

(3) Si Dios te dice que compartas con ellos, lo haces. Si Dios te da Escritura para que compartas entonces hazlo. Es así como serás de bendición para los que están en tu lista.

(4) En la oración de intercesión, no puedes estar a las carreras. Debes tomarte el tiempo para escuchar a Dios.

Puntos de Impacto

1. ¿Ya desarrollaste una vida de oración? Esta es una buena pregunta para hacerle a tu grupo.

2. Si no tienes una vida de oración, ¿Qué es lo que te ha impedido tener una? Comparte esto con tu grupo.

3. A veces tenemos personas que nos odian – hay que orar por ellos en intercesión.

4. No tardes más y haz tu lista de nombres para que empieces a interceder por ellos.

5. La intercesión es la oración más poderosa que hay.

6

¡Jesucristo Nuestro Mediador!

"**Porque hay un solo Dios, y un solo mediador entre Dios y los hombres, Jesucristo hombre, el cual se dio a sí mismo en rescate por todos, de lo cual se dio testimonio a su debido tiempo.**" (1 Timoteo 2:5, 6)

Continuando en mi estudio devocional en el libro de primera de Timoteo, llegué a las escrituras en los versículos 5 y 6 del capítulo 2. Es aquí donde Timoteo nos hace una declaración fuerte y nos dice, "**Porque hay un solo Dios, y un solo mediador entre Dios y los hombres...**"

¿Por qué es de gran importancia hacer este comentario que hizo el Apóstol Pablo en cuanto al Mediador, y que solo hay uno entre Dios y los hombres? Creo que es importante recordar a toda persona que ministra para Dios, que solo hay un camino al Padre Celestial. Es necesario ser claridosos en este tema, sin volvernos arrogantes y expresar enojo porque otros todavía no conocen la verdad.

Sabiendo que muchos buscan la paz y tranquilidad a través de diferentes métodos, nosotros podemos presentar a Jesucristo en una forma personal. Es obvio que la única persona que puede comunicarlo a Dios y a la vez tener impacto, es la que lo conoce personalmente.

¡Jesucristo Es Suficiente!

Dentro de muchos movimientos, cual se dicen ser cristianos - vemos que todavía sigue la pregunta que si la fe en Jesucristo es suficiente para nuestra salvación. Este es un tema de doctrina y muchas personas que salen del mundo secular o pagano, no entienden.

Existen todavía miles de personas que asisten reuniones cristianas sin saber los hechos, sin conocer la verdad, y también sin convicción de que solo a través de Jesús uno puede entrar al reino de Dios.

Un día mientras compartía el evangelio con personas en el centro de la ciudad donde vivo, me encontré a un hombre que iba a consultar a una curandera/bruja. Antes de entrar al consultorio, lo detuve y le pregunté si él conocía a Jesucristo como su Salvador personal. A esto, el me contesto, "Por supuesto que lo conozco como mi Salvador personal." Entonces le dije, "¿Por qué se le hace necesario consultar a una bruja, si ya tiene a Jesucristo en su corazón?" Luego el hombre me contestó, "Jesucristo es bueno y lo entiendo. ¡Pero una ayudita de la bruja y una barridita no le hace mal a nadie!"

Después de escuchar esto, me pregunte, "¿Cuántas personas hay como este señor con este tipo de creencia y filosofía?" Su respuesta me hizo reflejar en muchas cosas doctrinales y la necesidad de dar enseñanza sana a las personas.

Mis amados amigos, Jesucristo no necesita ningún tipo de ayuda. ¡Él es todo en todo! No hay otro Mediador entre Dios y los hombres, nos dice el Apóstol Pablo. Jesús mismo nos dijo, "**Yo soy la puerta; el que por mí entrare, será salvo; y entrará, y saldrá, y hallará pastos.**" (San Juan 10:9)

El mensaje del reino no ha cambiado. Jesucristo sigue siendo el camino hacia al Padre. Él es el camino, la verdad y la vida [San Juan 14:6.]. ¡No hay otro camino! Todo el que predique el evangelio del reino, que lo predique con certeza y convicción de que no hay otro Dios que dio su vida por nosotros como lo hizo Jesucristo.

Amigo siervo, nuestro deber es de ayudar a las personas llegar a los pies de Jesucristo. El los restaurará con Su gran amor para con ellos. Es Jesucristo el que nos dijo que el que creyera en El, no perecerá, ¡más tendrá vida eterna! [San Juan 3:16.]

Puntos de Impacto

1. ¿Sabías que no hay otro Mediador entre Dios y los hombres? Comparte esta verdad con tu grupo de oración.

2. En diferentes culturas y religiones, creen que hay otros mediadores para alcanzar a Dios. Santos, vírgenes, sacrificios, etc., son sus creencias y prácticas. El Apóstol Pablo, nos muestra muy claro, que no hay otro Mediador para llegar a Dios – solo Jesucristo. Comparte esto con tu grupo.

3. La escritura nos dice en San Juan 10:9 que Jesucristo es la Puerta. ¿Cómo entiendes este pasaje y como lo compartirías esta realidad con alguien más? Este es un buen punto para deslazar con tu grupo.

4. Cuando estemos en la presencia de personas que no conocen a Jesucristo como Salvador personal, uno debe ser humilde y presentar el amor de Dios lo mejor posible. ¡No dejes que tu actitud y arrogancia obstruya tu expresión de quien es Jesucristo!

5. Recuerda siempre: ¡El humilde siempre recibe la mayor porción en todo! ¡Practícala a diario!

7

¡Sin Ira Ni Contienda!

"Quiero, pues, que los hombres oren en todo lugar, levantando manos santas, sin ira ni contienda." (1 Timoteo 2:8)

Comentaba sobre la vida de oración en los capítulos anteriores, y como la vida de oración, debe ser uno de los ejercicios espirituales más importantes para todo creyente. Es tan importante y grave el practicarlo o el no practicar la oración personal, que, sin ella, uno no puede conocer las intenciones del corazón de Dios - ¡pues solo el Espíritu de Dios conoce la mente de Dios!

Cuando el Apóstol Pablo hace énfasis aquí en 1 Timoteo 2:8, el Apóstol desea que todo hombre en todo lugar ore a Dios. Esto solo se puede hacer si uno vive este estilo de vida; o sea, una persona solo puede estar consciente de lo que Dios desea, si la persona esta afinada con Dios.

Creo que todos sabemos, que no todas las personas están en sintonía con lo que el Señor anhela.

Muchas personas dicen, ¿Por qué razón yo no puedo discernir los tiempos, la voz, los planes, los anhelos, o los deseos de Dios? ¿Podrá ser que a mí, Dios no me habla?

La verdadera razón por la falta de discernimiento en la vida del creyente es porque no existe una vida íntima con Dios. ¡No se encuentran en una relación apasionada con nuestro Creador! Por cierto, la mayoría de los creyentes de hoy en día, solo buscan a Dios durante los tiempos de gran necesidad.

A veces me encuentro con creyentes que nunca le han hablado a una sola alma de nuestro Señor Jesucristo y la salvación. Nunca se han tomado el tiempo para escudriñar las Santas Escrituras; ni siquiera han hecho el esfuerzo de servir en algo en la iglesia local. Todo esto viene por falta de no tener relación y también intimidad con Dios.

¡Manos Santas!

A parte de tener una vida consciente hacia Dios a través de la intimidad con El, el creyente también debe **"levantar manos santas."** ¿Qué significa, "levantar manos santas?"

El levantar manos santas significa que el creyente tiene una vida ordenada para con Dios. Que su vida está basada en la orden de Dios y que continúa en los estandartes de Dios. A veces hay personas que no pueden servir a Dios por la simple razón de que sus vidas están fuera de orden con Dios. Están comprometidos con ciertos pecados y comprometidos con el mundo también.

Hay que siempre estar conscientes de que Dios nos puede llamar a servirle en cualquier hora – ¡Hay que estar listos!

¿Qué Hay en Nuestro Corazón?

Antes de cerrar este capítulo, me gustaría también compartir aquí donde el Apóstol Pablo dice, **"sin ira ni contienda."** Como usted puede imaginarse, siempre hay batalla en nuestro caminar con Dios. Esto es de todos los días. ¡Usted ya lo sabe!

Después de una buena batalla, uno debe siempre evaluar en que condición se encuentra su corazón después del conflicto. A veces nuestros corazones están rotos, molestos, desubicados, confusos, llenos de ira, y en muchos casos, con el deseo de destruir a cualquier persona que se nos acerque. Obvio que esto no es bueno.

Si por una razón, nuestro corazón no está donde debe de estar en Dios, hay que hacer todo lo necesario para salirnos de este estado. ¡Daño al corazón, puede producir amargura! La escritura dice, **"Mirad bien, no sea que alguno deje de alcanzar la gracia de Dios; que brotando alguna raíz de amargura, os estorbe, y por ella muchos sean contaminados…"**. (Hebreos 12:15)

¡Querido siervo de Dios, no dejes que nada te robe tu corona! Llénate de Dios y siempre procura caminar con el discernimiento que Dios te da. Esto te ayudará a ti y a todos los que te siguen.

Puntos de Impacto

1. La vida de oración no es lo más codiciado para los que buscan los aplausos de los hombres, o la aceptación del mundo. La vida de oración es la clave para el avance en una vida espiritual. ¡Con razón el enemigo hace todo lo posible por mantenerte lo más lejos de ella! Comparte con el grupo esto.

2. El discernimiento nace de una vida de oración. ¡Es en la intimidad con Dios, lo que hace a Dios revelar Sus secretos, con aquel que sacrifica su tiempo! Esta es un buen punto para compartir con tu grupo.

3. Nuestro corazón es guiado por el Espíritu Santo. Él nos indica la mente de Dios. Hay que siempre estar atentos a los estandartes de Dios y dejar que nos guie según su propósito para con nosotros. Haz la pregunta a todos los de tu grupo. ¿Cuántos están caminando en los estandartes de Dios?

4. Cuida tu corazón durante cualquier batalla. El enemigo desea destruir la base de nuestra fe, o sea nuestro corazón, llenándolo de odio y amargura. ¡Cuídate de esto! Advierte a tu grupo de esto.

5. Siempre es bueno checar si nuestro corazón está libre de la amargura. Haz de este uno de los puntos para tu grupo de evaluación.

8

¡Mujer, Sigue Al Espíritu de Dios!

"Asimismo que las mujeres se atavíen de ropa decorosa, con pudor y modestia; no con peinado ostentoso, ni oro, ni perlas, ni vestidos costosos, sino con buenas obras, como corresponde a mujeres que profesan piedad." (1 Timoteo 2:9, 10)

El principio que el Apóstol Pablo nos presenta en esta porción de Escritura tiene mucho que ver con la actitud de corazón y no tanto con las apariencias externas. Es obvio que vivimos en un mundo lleno de modas y estilos de cómo vivir y vestir. Es por esta razón que, a través de los tiempos, las vestiduras cambian y los estilos de vida también, pero la convicción que ha sido establecida dentro del corazón con los principios de Dios, no cambian.

¡Remplazando Lo Que Falta en el Alma!

En mi tiempo de caminar con Dios, he aprendido ciertas cosas de suma importancia. Una de ellas es este principio: Cuando algo nos falta en nuestra alma – lo tratamos de suplementar con algo externo. Si una persona no se siente completa en Dios, ¡siempre hará todo lo posible para cubrir o suplementar lo que falta adentro del corazón!

Desde el punto de vista del apóstol Pablo, el veía como unas mujeres o hermanas se vestían y peinaban; para esto él comento, "**...las mujeres se atavíen de ropa decorosa, con pudor y modestia no con peinado ostentoso, ni oro, ni perlas, ni vestidos costosos...**"

Yo firmemente no creo, que el apóstol Pablo estaba criticando a la mujer por su vestidura y forma de peinado. Es más, tampoco yo no creo que tenía problema con el estilo de hacerlo; lo que, si creo, es que su carga era algo más profundo y dañino.

Una Evaluación Personal

Cuando una persona, sea hombre o mujer, empieza a hacer cosas fueras de carácter, entonces esto simboliza que hay algo que esta fuera de orden en sus vidas. Ya sea, que está tomando decisiones muy radicales, vestir y peinar de una forma extrema, rodearse con ciertas personas que no comparten las mismas convicciones, o practicar un cierto comportamiento, que demuestra ¡inquietud, inseguridad, temor, o afán!

¡La Necesidad de Sobresalir!

Una persona por lo regular no hace cosas extremas. Una persona que camina en humildad delante de Dios, lo hace también delante del ser humano. Si una persona siente la necesita de sobresalir, puede que sea por la razón de que algo muy profundo en su ser, les falte.

Al terminar su punto de como una mujer debe vivir en presencia de Dios y de los seres humanos, el apóstol Pablo dice, "**…sino con buenas obras, como corresponde a mujeres que profesan piedad.**" Cualquier mujer que conoce a Dios, está consciente de que nadie recibe la gloria más que Él. Esa mujer también entiende que si Dios es su Rey y Señor – esa mujer hará todo lo posible por agradarle y no robarle la atención merecida.

Si una mujer es piadosa, entonces ella empezará a vivir su vida para honrar a Dios en todas las áreas. Una mujer mundana o carnal, solo se sirve a ella misma y vive para sí misma y edifica para su propio reino. O sea, ella es la atracción y nadie más, ¡ni siquiera Dios! ¿Conoce usted a tal persona?

¡Buenas Obras! Expresiones de Una Vida Íntima.

El hacer buenas obras como resultado de su relación con el Señor Jesucristo, es la expresión de un corazón quebrantado. Ofrecer nuestras vidas como sacrificio vivo, es el llamado más alto en la presencia de Dios.

Cuando uno toma la oportunidad de servir a Dios con buenas obras, los que las ven se maravillan por la gloria expresada. ¡Esta es la meta de lo que el apóstol Pablo quiere definir en nosotros sus verdaderos siervos!

Puntos de Impacto

1. ¿Conoces a personas que llaman la atención en una forma negativa? ¿Cuál es tu opinión de esto? Comparte con tu grupo este pensamiento.

2. ¿Cuándo ves a una persona vestida exageradamente como para llamar la atención a los que están ahí, cuál es tu primera impresión de ellos/as? Toma este punto y comparte los diferentes puntos de vista.

3. ¿Has tenido tú la experiencia de que algo te falte dentro de tu corazón y por tener esa necesidad, lo reemplazaste con algo más? Da un ejemplo de tu experiencia y comparte con tu grupo.

4. En un tiempo en tu vida, ¿has tratado de robarle la gloria a Dios? Da un ejemplo de este sucedido y compártelo con tu grupo.

5. Finalmente, las buenas obras deben nacer de una vida

íntima con Dios. Nunca hay que hacer buenas obras para quedar bien con Dios o con la gente; las hacemos, porque Dios nos pide que expresemos estas buenas obras al mundo como testimonio de un Dios de amor. Comparte con tu grupo las buenas obras que has hecho.

9

¡Deseando La Buena Obra! Parte 1

"Palabra fiel: Si alguno anhela obispado, buena obra desea." (1 Timoteo 3:1)

Anhelar ser siervo de Dios, claro que en una buena obra. El único obstáculo para cualquier persona que quería servir a Dios en los tiempos del Apóstol Pablo, es que tenía que afrontar las persecuciones contra la iglesia por el gobierno Romano.

No eran días de mucha vanagloria para cualquier líder de la iglesia. El valiente que anhelaba servir a Dios se tendría que atener a las consecuencias de Nerón el Emperador de Roma. Gracias a Dios que muchos siervos del Señor tomaron el paso de servirle a Jesucristo ¡hasta la muerte!

Mi pregunta entonces es la siguiente: ¿Quién está dispuesto a poner su vida en peligro por el simple hecho de avanzar la obra de Dios en la tierra?

¿Solamente Un Creyente o Discípulo?

Antes de seguir con esta verdad presente en 1 Timoteo 3:1, permítanme compartirles lo que nuestro Señor Jesucristo aclaró a sus seguidores en San Lucas 14. Esto nos dará un claro retrato y gran revelación de lo que había en la mente de Dios cuando se trataba de llamar a Sus siervos para servir en Su viña.

"Grandes multitudes iban con él; y volviéndose, les dijo: Si alguno viene a mí, y no aborrece a su padre, y madre, y mujer, e hijos, y hermanos, y hermanas, y aun también su propia vida, no puede ser mi discípulo. Y el que no lleva su cruz y viene en pos de mí, no puede ser mi discípulo. Porque ¿quién de vosotros, queriendo edificar una torre, no se sienta primero y calcula los gastos, a ver si tiene lo que necesita para acabarla? No sea que después que haya puesto el cimiento, y no pueda acabarla, todos los que lo vean comiencen a hacer burla de él, diciendo: Este hombre comenzó a edificar, y no pudo acabar." (San Lucas 14:25-30)

Aunque servir a Dios es un buen anhelo, muchos lo ven como algo muy difícil de hacer. Es más, hay personas que no toman en cuenta el sacrificio o el costo de servir a Dios, y terminan dejando el llamado de Dios por no tomar en serio el significado de lo que significa contar el costo.

Estas escrituras en San Lucas 14, nos enseñan muchas cosas en cuanto a lo que significa seguir a Dios hasta el fin del tiempo.

La Biblia nos dice que iban grandes multitudes con él. Esto siempre parece ser el ambiente de toda persona carnal que todavía no ha tenido intimidad con Dios. Siguen en multitud a Dios hasta que se llega el día donde Jesús pone orden en Sus seguidores.

"…y volviéndose, les dijo: Si alguno viene a mí, y no aborrece a su padre, y madre, y mujer, e hijos, y hermanos, y hermanas, y aun también su propia vida, no puede ser mi discípulo."

Fue en este tiempo cuando Jesucristo dio a saber lo que Dios deseaba de cada seguidor. La promoción de seguidor a discípulo y las expectativas de esta promoción se dieron a conocer aquí.

Primero Jesús habló de la comparación y nivel de compromiso y amor hacia él. En corto, lo que Jesús estaba diciendo fue esto, **"Si amas más a tu padre, madre, hijos, hermanas, hermanos, y tu propia vida más que a mí - no puedes ser mi discípulo."**

Lo que Jesús estaba proféticamente viendo, era que, si el amor hacia uno mismo no era crucificado, sería imposible agradar a Dios en todo lo que el requiriera en el futuro.

La segunda cosa que Jesús enseñó fue que el discípulo se destacaría por su habilidad de contar el costo - si iba ser posible terminar la carrera que Dios iba a pedir o no. Jesús usó el ejemplo de un constructor de torres, diciendo: **"Porque ¿Quién de vosotros, queriendo edificar una torre, no se sienta primero y calcula los gastos, a ver si tiene lo que necesita para acabarla? No sea que después que haya puesto el cimiento, y no pueda acabarla, todos los que lo vean comiencen a hacer burla de él, diciendo: Este hombre comenzó a edificar, y no pudo acabar."**

Fue aquí donde Jesucristo deja una puerta abierta para todo aquel que no decida seguirlo como discípulo. ¡Se requiere fe para ser discípulo de Jesús! El simple hecho de ser seguidor nada más, sería la norma de una vida que apacienta la religión cristiana. Esto es exactamente lo que Jesucristo no buscaba entre Su pueblo.

A través del texto, es obvio que Jesucristo da la oportunidad para que Su pueblo decida qué es lo que desea ser, seguidor o discípulo. Lo mismo nos dice a nosotros. Hay dos caminos y a nosotros se nos ha dado el privilegio de escoger.

Puntos de Impacto

1. ¿En algún tiempo en tu vida, tú has sentido el llamado de Dios para servirle con todo tu ser y tus fuerzas? Comparte esto con tu grupo de estudio.

2. ¿Estas convencido de que Dios no te ha llamado a la obra del ministerio? ¿O acaso si te ha llamado? ¿Cuál es tu opinión? Comparte esto con tu grupo de estudio.

3. ¿Cómo sabes si Dios te ha llamado al ministerio? Repasa la idea con tu grupo de estudio.
   Cuando nada te trae gozo en tu corazón hasta que estés ministrando para Dios tiempo completo.

4. ¿Sabes el significado de lo que es "contar el costo?" ¿Cuál es la opinión de los que están ahí en tu grupo de estudio?

5. Cuando Dios pone Su mano sobre nosotros para servirle, ¡uno sabe que sabe, que es Dios! O sea, no cabe ninguna duda que el llamado es de Dios y para Dios. ¿Has tenido esta experiencia? Comparte con tu grupo de estudio.

10

¡Deseando La Buena Obra! Parte 2

"Pero es necesario que el obispo sea irreprensible, marido de una sola mujer, sobrio, prudente, decoroso..." (1 Timoteo 3:2a).

El anhelo de servir a Dios se encuentra en muchos creyentes. Donde quiera que yo voy a predicar o a enseñar, no falta alguien que me comente sobre su deseo de servir y poder ayudar en cualquier forma a la iglesia a donde pertenecen. Esto es bueno.

Lo que yo he encontrado en muchos de estos creyentes, es que, si es cierto que anhelan servir, pero el poder para llevarlo a cabo, no se encuentra. O sea, hay mucha visión para servir, sin embargo, ¡no hay la disciplina en ellos para llevar a cabo esta visión!

Es aquí donde el Apóstol Pablo nos enseña las características necesarias que se deben encontrar en la vida de un buen siervo de Dios. Obvio, no estoy hablando de ninguna forma de perfección, pero si de lo que es recomendable en la vida de una persona que va a liderar en una iglesia o ministerio.

Veamos y estudiemos varias de estas características requeridas para ser aprobado como un buen líder y siervo del Señor....

Características de un Buen Líder

1. Irreprensible. La palabra irreprensible significa en el idioma original griego, una persona que no puede ser culpada por su conducta moral. O sea, el siervo vive de tal forma donde nadie le puede culpar de mal comportamiento ya que sus éticas personales son de buen carácter.

2. Esposo de una sola mujer. La siguiente característica en la lista es de que el siervo solo puede tener una esposa. Puede ser posible que varias personas que deseaban ser líderes no podían, ya siendo que estaban comprometidos con varias mujeres como esposas. El enfoque de tener una esposa es clave aquí. Ya que la persona que entiende el valor de uno, es más enfocada en cuanto a las cosas de la vida. También, quiero comentar que las personas que siempre buscan más de "uno o una" tienden a caer en soberbia y arrogancia. Esto produce una vida de gran dolor en largo plazo. Cuando se te pide que te comprometas con más de una cosa, cuidado con los pasos que tomes. No sea que esto sea una trampa para tu vida espiritual, física y emocional.

3. Sobrio. La palabra sobrio en griego significa, una persona no dada a comportamientos extremos. Ya sea que estos comportamientos fueron iniciados por alcohol especialmente. Existen muchas cosas que desafían a la persona en cuanto al comportamiento extremo. Hay personas que no pueden contralar su enojo o ira. Hay muchas personas que se dan a conocer la realidad de como son, ya que las presiones de la vida exponen estos comportamientos extremos.

4. *Prudente.* La palabra prudente significa la persona que es de una mente sana, una persona discreta y con razonamiento. También, la palabra prudente significa una persona que mantiene sus deseos sensuales bajo control, ejerciendo el autocontrol.

5. *Decoroso.* La palabra decoroso significa la persona que está bien ordenada. Una persona que sabe comportarse decentemente. También habla de una persona paciente, callada y honesta. Esta persona está decorada con los atributos de Dios.

En el siguiente capítulo continuare enseñando las diferentes características en un líder o siervo de Dios. Por ahorita, hay que evaluar cuantas de estas características tenemos y cuantas de ellas necesitamos desarrollar:

Puntos de Impacto

1. ¿Estoy dispuesto a disciplinar mi vida para que Dios me

use? Sé que no es fácil seguir los requisitos que Dios necesita de mí, pero sin ellos, no seré un buen líder. Comparte estos pensamientos con su grupo de estudio.

2. ¿Soy una persona irreprensible? Comparta este pensamiento con su grupo de estudio.

3. ¿Soy una persona de muchos pensamientos, o he aprendido a dominar mis pensamientos y enfocarme en lo que es importante en la vida? Comparta estos pensamientos con su grupo de estudio.

4. ¿Soy una persona prudente? Comparta estos pensamientos con su grupo de estudio.

5. ¿Soy una persona decorosa? ¿O sea, he permitido que Dios decore mi vida con Su carácter y Su personalidad? Comparta estos pensamientos con su grupo de estudio.

11

¡Deseando La Buena Obra! Parte 3

"…hospedador, apto para enseñar; no dado al vino, no pendenciero, no codicioso de ganancias deshonestas…" (1 Timoteo 3:2b-3a)

Deseo re-enfatizar la gran necesidad de no solamente un verdadero llamado de Dios sobre la persona, pero también, el carácter que ha desarrollado la persona para servirle a Dios. Estas cualidades son unas de las más importantes que se deben encontrar en la vida de un siervo de Dios o por lo menos estar informado que esto es lo que Dios busca de él.

Sigamos con estas características importantes…

    6. *Hospedador.* La palabra hospedador significa una persona que está dispuesto a tratar a huéspedes y desconocidos con cordialidad y generosidad. Esta persona no solo presta su casa o ofrece comida a sus huéspedes, pero también se ofrece para ayudar la situación que se presente. Siempre una persona hospedadora va más allá de lo esperado.

7. *Apto para enseñar.* El siervo del Señor que busca ser usado por Dios también debe tener la habilidad de enseñar. O sea, la habilidad de enseñar y enseñar bien. Permítanme compartirles mi filosofía de lo que yo creo que hace a un maestro/a buenos maestros. Todo empieza en su anhelo o deseo de aprender. Un buen maestro debe ser un buen estudiante primero. Es aquí donde la persona se vuelve una fuente de información y revelación para muchos. Aprender técnica es bueno, pero esto jamás sustituirá el deseo de aprender y conocer más.

8. *No dado al vino.* Las palabras del Apóstol Pablo no apoyan la idea de que un borracho o una persona dada al vino, califique para el servicio de Dios. Ya que adentro de la iglesia cristiana y en el ministerio, muchos han tratado de exentar a personas que son dadas al vino y al alcohol, la palabra de Dios fuertemente está en contra de estas prácticas.

9. *No pendenciero.* ¿Qué es una persona pendenciera? Veamos. Una persona pendenciera es una persona bruta y violenta. Muy rápido pierden la calma y se descontrolan a punto de golpear a la persona con la que están discutiendo. ¡Imagínese a un pastor con estas características! Por esta razón, uno debe guardar bien su testimonio delante de otros para no caer en esta vergüenza y descalificarse.

10. No codicioso de ganancias deshonestas. Esta es una de las grandes características que muchos obreros de Dios deben protegerse y no caer en la codicia. La biblia nos enseña sobre la codicia y nos dice que esta es una obra de la carne. El diccionario Oxford define la palabra codicia como, "un fuerte deseo de más riqueza, posesiones, poder, etc. de lo que una persona necesita. El diccionario bíblico dice que esta codicia de la que habla el Apóstol Pablo, es el tipo de codicia que esta tan llena del deseo de recibir riquezas, que no importa si la persona tiene que llegar a la desgracia o pasar vergüenzas para obtenerlas.

Ya vemos que ser un líder para Dios no es tan fácil como muchos lo anuncian. Se requiere una vida disciplinada, enfocada, y quebrantada para poder servir a Dios hasta el punto que uno pueda hacer un impacto.

Puntos de Impacto

1. ¿En tu servicio a Dios, se te ha presentado la oportunidad de ayudar a una persona necesitada que no tenía donde pasar la noche y tú le ofreciste un lugar donde reposar? Comparte tu experiencia con tu grupo de estudio.

2. ¿Has enseñado a alguien en cuanto a la Palabra de Dios?

¿A quién has enseñado durante tu tiempo de ser cristiano? Pregúntale a los de tu grupo de estudio, ¿Cuántos de ellos han enseñado a otros?

3. ¿Cuáles son tus convicciones sobre el vino y el alcohol? ¿Es aceptable beber vino? ¿Qué hay de las personas que están sirviendo a Dios y son borrachos? ¿Cómo ves esto? ¿Cómo ve tu grupo de estudio este tema?

4. Tratando con el tema de una persona pendenciera - ¿Has caído tú en pleitos y discusiones que te han provocado a pelear con otra persona? Comparte este tema con tu grupo.

5. En cuanto a la codicia, ¿Cómo has tratado tú con esto? ¿Has caído en la trampa de codiciar? ¿Te ha manipulado la codicia a punto de ponerte en desgracia y vergüenza? Comparte con tu grupo de estudio.

12

¡Deseando La Buena Obra! Parte 4

"...sino amable, apacible, no avaro; que gobierne bien su casa, que tenga a sus hijos en sujeción con toda honestidad (pues el que no sabe gobernar su propia casa, ¿cómo cuidará de la iglesia de Dios?)" (1 Timoteo 3:3b5)

Meditando sobre muchas de las características dadas para un buen siervo obispo de Dios, me da también la idea de que no cualquiera puede ejercer este llamado. Creo que Dios ha puesto en el corazón de muchos este deseo, pero igual, creo que muchos no están dispuestos a pagar el precio de caminar en esta disciplina.

Veamos otras características las cuales creo que desafiaran a cualquiera que desee vivir una vida ejemplar para otros, tanto en el ministerio como en el trabajo o en el hogar:

11. Amable. La palabra amable en su forma original significa, lo que es correcto; lo que es practico; una persona con un buen temperamento diseñado por las experiencias en la vida, o un hombre que razona dentro de los límites moderados y ordenados.

12. Apacible. ¿Qué es una persona apacible? La palabra apacible significa alguien que busca la paz. Una persona que no se mete en pleitos y no los busca tampoco. Un buen líder debe ser este tipo de líder – un hombre que siempre busque la paz, especialmente en conflictos.

13. No avaro. Una persona que es avaro es una persona que le tiene amor al dinero. La Biblia condena tal persona que practique el amor hacia el dinero. Aseguran las escrituras que estas personas, tendrán mucho dolor como consecuencia de ello. Un líder entonces debe ser libre de este anhelo carnal.

***14.** "...que gobierne bien su casa, que tenga a sus hijos en sujeción con toda honestidad (pues el que no sabe gobernar su propia casa, ¿cómo cuidará de la iglesia de Dios?).* He aquí una de las órdenes más fuertes en toda la Biblia respecto a la persona que quiere o desea liderar la iglesia de Dios. El Apóstol Pablo dice que el llamado obispo - necesita gobernar bien su casa – o sea, hablando del tema de los hijos. Debe dirigir su casa con el fin de poner en practica los principios de liderazgo en su casa primero. Es importante pasar por esta escuela o institución para ser capacitado y así poder prepararse mejor para liderar la iglesia de Dios.

Creo también que, en esto, el siervo de Dios debe siempre buscar la paz en su hogar para poder ministrar la gracia de Dios a otros.

Yo no creo que sea posible ministrar en el poder y gracia de Dios, si hay contiendas entre la familia y diversos problemas entre ellos. Cuando el espíritu del siervo de Dios esta turbado, todo su ser estará turbado. Hay que aprender a gobernar bien con la sabiduría y conocimiento de Dios.

Termino este capítulo poniendo estos puntos sobre la mesa y creyendo que Dios es poderoso como para cuidar y guiar a los que Él ha llamado.

Puntos de Impacto

1. ¿En tu caminar con Dios, has experimentado lo que significa ser apacible? A veces hay personas en nuestros grupos, que desean tomar pasos equivocados – pero nosotros sabemos que están mal y es necesario confrontar la situación con mejor juicio. ¿Has hecho esto? Comparte con tu grupo de estudio.

2. He aquí también la persona apacible. La persona apacible es la persona que busca la paz. Ellos no están buscando pleitos con nadie, pero la paz los domina. Cuando fue la última vez que tuvo usted un encuentro con una persona pleitista, y que fue lo que hizo para arreglar la situación. Comparta esto con

su grupo de estudio.

3. La Avaricia. La avaricia miles de veces ha destruido a muchas personas. El amor hacia el dinero ha causado a muchos caer en una mentira. ¿Has experimentado tú la que es ser avaro? ¿Cómo le hiciste para conquistarlo? Comparte esta revelación con los de tu grupo.

4. Gobernar la casa personal de uno no es fácil. Hay muchos desafíos aquí para cualquier persona que anhele ser líder. La institución del matrimonio y de los hijos es definitivamente una escuela para capacitación en carácter. La persona que pueda hacer esto, vencerá el orgullo y la arrogancia. Comparte este pensamiento con tu grupo de estudio.

5. La prueba de tu liderazgo empezará en tu casa, en tu trabajo, o en cualquier área que se te preste la confianza de dirigir. Recuerda que, si eres fiel en lo poco, ¡Dios te dará más! Comparte tu experiencia con tu grupo de estudio.

13

¡A Prueba Primero!

"Y éstos también sean sometidos a prueba primero, y entonces ejerzan…". (1 Timoteo 3:10)

En mi continuo estudio sobre lo que es ser un buen líder preparado para la obra de Dios, algo muy valioso que pude también analizar, es el hecho de que una persona no puede ser una persona neófita, un nuevo convertido o una persona la cual le falte madurez en su crecimiento espiritual.

Si una persona se atreve a poner una persona recién convertida, la obra será destruida mucho antes de que empiece. La madurez debe ser desarrollada primero y luego que tome su puesto en el liderazgo de un ministerio - siempre y cuando esta promoción sea hecha por el director de ese ministerio.

Toda persona que se autonombra líder no es un verdadero líder. ¡Hay que tener cuidado con los autonombrados! Aunque una persona enseñe que tiene habilidad y aunque una persona enseñe manifestaciones de que Dios los usa, hay que primero esperar que Dios los reconozca primero. Este reconocimiento siempre vendrá a través de una persona más madura y centrada en las verdades de Dios.

¿Por Qué No un Neófito?

¡Esta es una excelente pregunta! Permítame explicarle un poco por que no es buena idea o recomendable usar a una persona que apenas se acaba de convertir al reino de Dios:

Orgullo e Arrogancia.

Una de las cosas principales en la vida de una persona nueva es la tendencia de sentirse especial por la razón de haber sido escogido para servir. Aunque es un buen sentir de ser escogido y de que un líder haya puesto la confianza en ti para servir, el diablo toma otra mentalidad y aprovecha para destruir al nuevo convertido con orgullo.

Sometido a Prueba Primero.

Cuando empezamos a levantar un nuevo convertido en las cosas de Dios, lo más excelente de hace para con ellos, es darles tareas pequeñas. Después de que se les dé un proyecto pequeño, revisar si fueron fieles para con ello. O sea, ¿Terminaron el proyecto? ¿Cuál fue la actitud sobre el proyecto? ¿Lo hicieron a tiempo? ¿Se están quejando por haber hecho el proyecto? ¿Hicieron el proyecto con un espíritu de excelencia? Esta evaluación, nos da a conocer si será posible darles un proyecto más grande o tal vez necesitan algo más pequeño.

Discernimiento Sobre la Condición Espiritual Personal.

La actitud de un nuevo convertido será expuesta cuando les llegue la hora de prueba durante un proyecto que estén llevando a cabo. Si se quejan o se enojan, o simplemente dejan de trabajar en su proyecto por cosas insignificantes, ¡esta persona no está llena para liderar!

El Compromiso hacia Dios y No Hacia al Hombre.

Nada dividirá las actitudes de un nuevo convertido como cuando se llegue el tiempo de hacer las cosas para glorificar a Dios, a través del líder que los puso encargados. Cuando un nuevo convertido hace el proyecto para el honor de Jesucristo, entonces la persona lo hará con excelencia; pero cuando lo hace para el hombre, también será manifestada la actitud.

Punto de Impacto

1. ¿En tu caminar personal con Dios, te han confiado oportunidades de liderar en ciertos lugares, trabajo o ministerio? ¿Cuál fue tu oportunidad? ¿Cómo te

fue haciendo aquello? Por favor comparte estos pensamientos con tu grupo de estudio.

2. ¿Cuándo lees las palabras de que una persona nueva debe someterse a prueba, que exactamente significa esto para ti? ¿Cuál debe ser tu actitud si eres escogido para servir a Dios? Comenta esto con tu grupo de estudio.

3. ¿Al servir a Dios, has experimentado también el orgullo? ¿Arrogancia? ¿Cómo fue tu experiencia cuando serviste a Dios y sentiste que el orgullo tomo ventaja de ti? ¿Cómo lo corregiste?

4. Muchos han servido a Dios a través de los años - ¿Has conocido personas que se llenaron de celos, envidias, e orgullo? ¿Qué aprendiste después de haber visto esto en sus vidas? Comparte estos pensamientos con tu grupo de estudio.

5. Obedecer la orden de Dios es lo mejor de hacer para todo ministerio. A veces por necesidad ponemos personas que no están calificadas; pueda que tengan muchísimo talento, pero le digo una vez más, Dios no busca talento – busca humildad y que

brantamiento de nuestra parte. Comparte con su grupo de estudio estas verdades, y permita que comenten sobre sus propias condiciones espirituales.

14

¡La Casa de Dios!

"... en la casa de Dios, que es la iglesia del Dios viviente, columna y baluarte de la verdad." (1 Timoteo 3:15)

Al meditar sobre este pasaje de escritura, me encontré uno de los hechos más poderosos en toda la biblia; me encontré uno de los tesoros más valiosos en cuanto al propósito de la iglesia en el mundo.

Esta es una de las definiciones más claras que yo he visto en toda la biblia y nos ayuda para establecer la filosofía y la razón por la cual existe esta institución.

Permítame escudriñar esta porción de escritura juntamente con usted:

La Casa de Dios *(Natural)*

En la biblia, la iglesia es referida como la casa de Dios. O sea, la casa donde se le adora corporalmente a nuestro Dios y Salvador Jesucristo. Es en este lugar donde los discípulos de nuestro Señor empezaron a reunirse para adorar, dar acción de gracias, cantar himnos, compartir las cartas enviadas por los apóstoles y tener un buen tiempo de compañerismo. Es a través de estos cultos o reuniones que los hermanos se fortalecían, ya que, en los tiempos primitivos, la iglesia estaba siendo perseguida por el gobierno Romano.

La Casa de Dios *(Espiritual)*

La casa de Dios en su forma espiritual, es reconocida como la iglesia espiritual y universal. En cualquier parte del mundo donde uno encuentre a un cristiano que ha nacido de nuevo, ese cristiano, es mi hermano/a en Cristo Jesús. Todos los que hemos nacido de nuevo, formamos parte del cuerpo de Cristo, o sea, la iglesia – en la tierra. Esta es la iglesia que no está hecha con manos, pero con Su Espíritu.

En la escritura en 1 Timoteo 3:15, la biblia también nos dice que la iglesia es una columna (pilar) y baluarte de la verdad.

Estudiemos un poco lo que esto significa:

La Iglesia como Pilar. Una columna es un pilar que sostiene estructuras. Un pilar debería estar fuerte para poder sostener una estructura pesada. El Apóstol Pablo le llama a la iglesia de Dios, un pilar.

Un punto interesante es este: Este pilar (la iglesia de Dios) es lo que está sustentando este mundo caído en el que vivimos hoy. Si no fuera por este pilar, todo el mundo estuviera pervertido y destruido automáticamente. Dios todavía tiene un plan para Su creación.

La Iglesia como Baluarte. Juntamente con la idea de que la iglesia es un pilar para sustentar, también la iglesia es un baluarte. ¿Qué es un baluarte? Un baluarte, en esta porción de escritura, que da la definición de persistencia; es su forma natural, un baluarte es una fortaleza. Algo en que uno puede depender sin falla. La biblia hace la comparación de una fortaleza, como algo que vence todas contradicciones y cambios. El baluarte de la verdad es la iglesia de nuestro Señor Jesucristo.

La Iglesia en la Cultura Mundial

La iglesia del Señor es la única fuerza espiritual contra las tinieblas de Satanás. No hay ninguna otra institución que pueda promover la liberación de pecado, de enfermedad, y de una vida de caos, como la iglesia ha sido ordenada y ungida para hacerlo.

La iglesia del Señor Jesucristo no solo establece orden en la sociedad y el mundo entero, pero también cambia el ambiente y la cultura donde quiera que se presente.

Hay que llevar las buenas nuevas del reino de Dios a todo mundo. Hay que hacerlo sin duda y sin temor. Mis amados, la iglesia es la luz y sal del mundo. ¡La iglesia es la única respuesta para la humanidad!

Puntos de Impacto

1. ¿Cuál es tu definición personal en cuanto a la casa de Dios? ¿Qué significa la iglesia (natural) para ti? ¿Qué significa la iglesia (espiritual) para ti? Comparte con los de tu grupo de estudio y comenta tu definición.

2. La iglesia de Dios es una columna (pilar) y también es un baluarte de la verdad. ¿Qué significan estas dos cosas para ti? Comparte esto con tu grupo de estudio.

3. ¿En la cultura en donde tú vives – como ven ellos la iglesia del Señor Jesucristo? Comparte esto con tu grupo de estudio.

4. ¿Tú has visto que la iglesia del Señor haga impacto en tu comunidad? ¿De qué forma se ha hecho este impacto? Comparte con tu grupo de estudio.

5. Por último, Jesucristo dijo que la iglesia era la luz del mundo y la sal del mundo. Esto lo dijo para darnos a conocer que tenemos una responsabilidad de

expresar Su persona a otros que no lo conocen todavía. ¿Qué tipo de alcances has hecho con tu vida? Comparte tus ideas con tu grupo de estudio.

15

¡Inspiraciones Engañosas y Doctrinas Diabólicas!

"El Espíritu dice claramente que, en los últimos tiempos, algunos abandonarán la fe para seguir a inspiraciones engañosas y doctrinas diabólicas." (1 Timoteo 4:1)

Primero quiero compartir con usted la cuestión de los últimos tiempos. ¿Qué son los últimos tiempos? O ¿Cuáles son los últimos tiempos? La verdad le digo, que a como los tiempos van cambiando en nuestra sociedad, todos estamos siendo afectados en diferente manera. Unas personas ven las profecías como cumpliéndose en nuestros días; otras personas ven las profecías como algo del pasado; y otros siguen obrando arduamente con la revelación que Dios les ha dado.

Yo creo ser parte del último grupo del que hablo aquí. Nunca he sido un estudiante serio en cuanto a la escatología, pero lo suficiente capaz como para saber que los tiempos están cambiando en nuestra sociedad y cultura.

¡El Espíritu Profetiza!

El Apóstol Pablo afirma que en los últimos tiempos el Espíritu de Dios claramente dice, que algunos abandonarán la fe.

¿Cómo será esto? O ¿Cómo puedes ser esto posible? – ya que un cristiano debe de entender lo que sucede en el mundo espiritual que los rodea. Muchos de nosotros ya hemos sido educados como para discernir los que es verdad, y lo que no es.

Deje comparto algo aquí, y siento que el Espíritu de Dios está sobre mí al escribir:

Muchos cristianos, por educados que estén, no entienden el mundo espiritual. No captan la guerra espiritual en cuanto a sus vidas y menos disciernen las intenciones del enemigo. Obvio, que el enemigo no atacará en formas obvias – pero si lo hará en formas escondidas, con la intención de destruir a la persona que se deje llevar por sus artimañas.

Inspiraciones Engañosas

Veamos lo que son inspiraciones engañosas. Inspiraciones engañosas son pensamientos espirituales que vienen a una persona cuando la persona está buscando respuestas para su vida. O sea, la persona anda buscando inspiración para animarse y motivarse. Esto sucede todos los días. Esto es común.

Ahora bien, las inspiraciones engañosas son inspiraciones que animan al hombre carnal y no al hombre espiritual. Estas inspiraciones engañosas le dan ánimo a las ideas carnales; alimentan la rebeldía, el celo, la avaricia, y la codicia del ser humano. Es por esta razón que se llaman inspiraciones engañosas.

Para agregarle un poco más - estas inspiraciones engañosas no vienen para acercarnos más a Dios – si no que vienen para llevarnos más profundamente a una vida de auto-suficiencia.

Entre más crece el hombre carnal (el viejo hombre), menos de Dios se requiere. Este es el plan de estas inspiraciones engañosas.

Ahora, vea esto: Después que las inspiraciones engañosas se arraigan en nosotros, empezaremos a desarrollar doctrinas de demonios.

Doctrinas Diabólicas

¿Qué son doctrinas diabólicas? Doctrinas diabólicas son nada más y nada menos que inspiraciones engañosas manifestadas en ideas, filosofías o doctrinas, ya sean seculares o religiosas.

Cuando una persona se deja engañar por inspiraciones que no vienen de Dios, la parte de ese hombre, (la parte carnal,) empezará a hacer excusas por que esa idea es una buena idea. La base de todo esto es que al hombre carnal le encanta la idea.

Después que el hombre carnal esté convencido de esta "buena" idea, hará una doctrina o enseñanza de esto. Es así, como las personas abandonan la fe. La carne influida por inspiraciones engañosas, producidas por satanás mismo, harán la obra de destrucción.

Puntos de Impacto

1. ¿Define lo que los últimos tiempos significan para ti? Comparte tu perspectiva con tu grupo de estudio.

2. ¿Estás viviendo tu vida como si fueran los últimos tiempos para ti? ¿Qué estás haciendo diferente para hacer mayor impacto en tu vida y en tu alrededor? Comparte esto con tu grupo de estudio y da tu perspectiva en esto.

3. La Escritura dice que en los últimos tiempos, muchos abandonaran la fe. ¿Conoces en lo personal, a personas cristianas que han abandonado la fe?
¿Cuáles fueron sus excusas? Comparte con tu grupo de estudio.

4. Inspiraciones Engañosas. ¿Cómo defines estas pa-

labras o cuál es tu entendimiento sobre lo que significan inspiraciones engañosas? Comparte con tu grupo de estudio.

5. Doctrinas Diabólicas. ¿Qué son doctrinas diabólicas para ti? ¿Cómo las defines? ¿Has visto estas doctrinas diabólicas en acción en la vida de otros cristianos? Comparte con tu grupo de estudio.

16

¡La Buena Enseñanza!

"Si enseñas estas cosas a los hermanos, serás un buen servidor de Cristo Jesús, nutrido con las verdades de la fe y de la buena enseñanza que paso a paso has seguido." (1 Timoteo 4:6)

Cuando el Apóstol Pablo exhorta a Timoteo, le hace ver lo importante que es guardar la buena enseñanza. De las muchas cosas que había podido enseñar Timoteo, el Apóstol Pablo le instruye a compartir cosas que Timoteo ya sabía, o sea, cosas que ya se le habían enseñado.

Ministrar la Palabra de Dios y dividirla apropiadamente no es nada fácil. Es más, cualquier persona que comparte la Palabra de Dios, debe estar bien preparado y con sabiduría dada por Dios, para ejecutar bien los principios dados en la Biblia.

Ahora bien, también sé que a muchas personas no se les ha dado el don de predicar en público, y tampoco se les ha dado la unción de compartir los principios de Dios en una forma práctica. Aunque uno no tenga estos dones de hablar en público, uno como quiera debe poner por obra el aprender los principios de Dios y compartirlos con amigos, familiares, etc.

La Verdades de la Fe

Permítame compartir con usted mi filosofía de lo que es compartir las Escrituras con otras personas, ya sea detrás de un pulpito o en un grupo personal de estudio.

Para empezar, el que comparte o enseña las escrituras debe ser un buen estudiante primero, no solo de las escrituras, pero de la vida en general. Es mi opinión de que una persona de saber observar lo que le rodea para poder entender lo que procesa en su mente y en su corazón.

Al estudia las escrituras, el buen estudiante debe buscar, primero que nada, los principios instituidos por Dios. Una búsqueda por principios bíblicos es como si uno estuviera en búsqueda de oro. No es difícil, pero si se toma un buen tiempo para encontrar el corazón de Dios en las escrituras.

Cuando el estudiante encuentre un principio de Dios, el estudiante luego debe meditarlo a punto de entender lo que Dios le quiere decir a través de él. Es aquí, donde el estudiante puede aplicar la revelación de Dios.

Es en la aplicación del principio, que el estudiante se establece con autoridad y crece en la presencia de Dios y en presencia del hombre.

Quiero decir también que la Palabra de Dios es la autoridad final. Lo que Dios quiso decir o comunicar al hombre, lo escribieron en la Santa Biblia. Dios ha puesto Su Palabra más alto que todo lo que existe

> *"Para siempre, oh Jehová,*
> *Permanece tu palabra en los cielos."* (Salmo 119:89)

Otro punto de interés es este: El Espíritu de Dios nunca se contradice con la Palabra de Dios; nunca habrá contradicción ente el Padre y el Hijo y el Espíritu Santo.

El buen estudiante siempre podrá establecer a otros en la fe basado en buenos principios de estudio y disciplina.

La Disciplina Personal

La disciplina personal es tal vez lo más doloroso en esta vida. Como decía un mentor mío: "Vas a sufrir uno de dos tipos de dolores: Ya sea que sufras el dolor del remordimiento por no hacer lo que debes, o el dolor de la disciplina de hacerlo."

La verdad no importa que oficio tengas o lleves en tu vida; sin disciplina personal, ¡nunca podrás llegar a más!

Puntos de Impacto

1. ¿Cuál es tu definición de un estudiante? Describe las diferentes características que se encuentran en un buen estudiante. Comparte tus características con otras personas de tu grupo de estudio.

2. ¿Te consideras un buen estudiante? Da tus razones por que eres un buen estudiante y compártelas con tu grupo de estudio.

3. ¿Has desarrollado un buen plan para estudiar tu Biblia? Comparte tu sistema con los que estén ahí en tu grupo de estudio.

4. La meditación es una forma práctica de como escuchar a Dios a través de la Palabra. ¿Has aprendido a meditar en la Palabra de Dios? Comparte tus pensamientos en esto con tu grupo de estudio.

5. En cuanto a la disciplina personal, ¿has desarrollado una buena disciplina para avanzar en todos tus planes? ¿Cuál es tu forma de disciplinar tu vida, tu

cuerpo, tus estudios, tu carrera, tu familia y tu ministerio? Comparte con tu grupo de estudio y da tu perspectiva también.

17

¡Tú Eres el Ejemplo!

"Que nadie te menosprecie por ser joven. Al contrario, que los creyentes vean en ti un ejemplo a seguir en la manera de hablar, en la conducta, y en amor, fe y pureza." (1 Timoteo 4:12)

Hace muchos años leí en uno de mis libros sobre el tema de la vida de oración lo importante que era desarrollar una vida privada e íntima con Dios. En este mismo escrito leí la siguiente frase: "Se toma 20 minutos para preparar un sermón; pero se toma 20 años para preparar a un hombre de Dios."

Está en una de las verdades más poderosas que he escuchado o leído en mis estudios bíblicos. La necesidad de desarrollar una vida espiritual es lo que dicta el tipo de mensaje que estaremos compartiendo con aquellos que nos escuchan.

Ahora, el desarrollo en la vida de un siervo empieza cuando la persona desea servir a Dios en mucho o en poco. El minuto que una decide disciplinar su vida para la gloria de Dios, el reto de ser un buen ejemplo también inicia.

Cada paso, cada decisión, cada acción y cada cosa que sale de la boca de este siervo de Dios, será puesto a prueba. El siervo tendrá que aprender a rendir cuentas por todos sus pensamientos, las cosas que dice, y también las cosas que hace. Sea que las cosas sean hechas en privado o en público, los ojos de todos estarán sobre él o ella. El reto de ser el mejor ejemplo de cómo vivir para Dios estará en exhibición.

¡Estando Bajo Presión!

Ahora bien, las presiones de la vida vendrán sobre el siervo sin duda. Estas presiones darán a conocer que tipo de siervo somos. Es más, yo no creo que hay nada tan purificador como el fuego de las presiones de la vida.

La verdad es que muchos se descalificarán a través de estas pruebas largas y oscuras. La verdadera persona saldrá a la luz y el carácter de este siervo ¡lo establecerá o lo descalificará!

Muchos siervos de Dios pasaran los tiempos más difíciles de sus vidas dentro del fuego de Dios, ya que la intención de Dios es, alinear, purificar, refinar y lanzar a este siervo de Dios para que pueda caminar en victoria dentro de la batalla del Señor.

¡Cuando Hay Fracaso!

A veces, cuando un líder falla en su vida personal, en su liderazgo, en su ministerio, ya sea por falta de habilidad o cuestiones de carácter, ¿Qué se debe hacer para restaurar la imagen y la persona de este líder?

Lo primero que un buen líder debe hacer es disculparse lo más sinceramente que se pueda. Disculparse con las personas directamente afectadas debe ser el primer paso: disculparse por pecados cometidos, enojos, pensamientos negativos o palabras dichas bajo la presión de la situación (palabras negativas o maldiciones), críticas hechas bajo enojo, o acciones fuera del carácter de Dios.

Haciendo disculpas sinceras restaurara mucho en los seguidores de este líder.

Deje termino diciendo que el llamado de ser un buen siervo de Dios es probablemente lo más difícil de hacer en esta vida. La responsabilidad de ser un buen ejemplo siempre estará por delante.

Una de las claves para caminar en el poder de Dios y ser un buen ejemplo, siempre será el desarrollo de una vida privada con Dios.

Una vida privada con Dios nos dará una vida impactante en público.

Puntos de Impacto

1. Un buen líder debe pasar tiempo con Dios en privado. Es aquí donde el líder desarrolla el llamado de Dios. Comparte este pensamiento con tu grupo de estudio.

2. Ser un ejemplo en todo lo que hacemos como siervos de Dios, es una gran responsabilidad. ¿Cuál ha sido tu reto mayor como líder? Comparte este pensamiento con tu grupo.

3. Cuando pasamos por las presiones de la vida, siempre hay que recordar que esto es nada más y nada menos que la forma de como Dios forma nuestro carácter. ¿Cuándo fue la última vez que pasaste por una gran crisis? Comparte con tu grupo este pensamiento.

4. ¿Has fracasado en tu vida moral, espiritual, o en tus proyectos que Dios te había encargado? Comparte estos pensamientos con tu grupo.

5. La clave para restaurar tu fracaso siempre será a través de la humildad y la disculpa hecha de corazón. ¿Has estado en esta situación durante tu caminar o servicio para con Dios? Comparte estos pensamientos con tu grupo de estudio.

18

¡Sé Diligente!

"Sé diligente en estos asuntos; entrégate de lleno a ellos, de modo que todos puedan ver que estás progresando." (1 Timoteo 4:15)

Cuando uno es llamado a servir a Dios – ya sea que Dios mismo dio palabra profética a la persona, o fue seleccionado por el liderazgo con imposición de manos, esta persona debe ser una persona diligente. ¡Es imposible avanzar la obra de Dios si uno no es diligente!

Ahora veamos que significa la palabra diligente o ser diligentes. La palabra griega nos dice que diligente significa: atender, poner atención con seriedad, como un doctor cuida a un paciente. También significa ser atento al estudio, ejercer.

En los tiempos que Timoteo vivió, este líder de Dios se encontraba en medio de conflictos entre hermanos malvados, falsos maestros, y una frialdad espiritual. O sea, no solo era difícil liderar con lo que sucedía entre las iglesias, pero como líder, Timoteo tenía que ¡ser diligente!

La diligencia era de suma importancia si es que la iglesia iba avanzar; el llamado a poner atención a todo lo que sucedía en la región, era grave.

¡Poned Atención!

Algo de lo que me he dado cuenta, es que muchos líderes no ponen atención con lo que sucede alrededor de sus vidas y ministerios.

Escuché a un varón de Dios decir, mientras esta en una conferencia de líderes, "Si nosotros los pastores y líderes dirigiéramos un negocio, así como dirigimos nuestras iglesias – ¡ya estuviéramos en bancarrota!"

El punto aquí es que muchos no ponemos atención a lo que está sucediendo en nuestro alrededor. Estoy hablando en cuestiones de liderazgo, de obreros, de finanzas, de la visión que Dios nos ha dado, capacitación personal, capacitación ministerial, y otros aspectos más que nos pueden llevar hacia un buen futuro con éxito.

¡Entrégate de Lleno!

La única forma que yo he aprendido a servir a Dios - es con un corazón dispuesto y entregado de lleno al propósito para el que fui llamado. Creo que cuando una persona se enfoca en lo que Dios tiene para ella, una aprenderá que no hay suficiente tiempo en el día para cumplir la tarea de la visión de Dios para su vida.

¿Estamos Progresando?

No hay nada mejor que una buena evaluación personal de nuestro avance. ¿Estamos avanzando o no? ¿Estamos caminando con la visión que Dios nos dio o no? Debemos ser honestos con nosotros mismos si es que vamos a hacer los cambios necesarios que nos llevaran al éxito.

Algo que notar aquí, es que el Apóstol Pablo dijo que este avance o progresión, será evidente por todos. ¿Quiénes son todos? Todos son aquellos que se encuentran en nuestro círculo de influencia. Incluye también a todos aquellos que nos ven de lejos. El punto es claro: Si estamos avanzando – se manifestará en nuestras vidas, en nuestro alcance y ministerio, o negocio.

Puntos de Impacto

1. ¿Cuándo escuchas la palabra diligente, que causa dentro de ti? ¿Qué es lo que entiendes de una persona diligente? ¿Conoces personas diligentes? ¿Cuáles son sus características? Comparte este pensamiento con el grupo de estudio.

2. Hay muchas personas cristianas que no llevan seriedad en sus vidas. No ven las cosas como el Apóstol Pablo las veía. En cuanto al carácter de ser personas serias, no se encuentra en cuanto a las cosas de Dios - ¿eres tú una persona seria con las cosas de Dios? Comparte este comentario con tu grupo de estudio.

3. Al poner atención a nuestro alrededor, yo he encontrado personas muy desorientadas con lo que de verdad es importante en la vida. A muchos les gusta dar atención a cosas secundarias en vez de poner atención a lo que Dios pide. ¿Qué tipo de líder eres tú? Comparte esto con tu grupo de estudio.

4. Una entrega total a algo – siempre será la razón por que ese proyecto tendrá éxito. ¡Si no nos damos de lleno a algo, alguien más nos quitara el tiempo! Comparte este pensamiento con tu grupo de estudio.

5. Para terminar este estudio y capitulo, me gustaría invitarte a que tomes tiempo para evaluar tu vida, tu ministerio, tu trabajo, tu familia, tus finanzas, etc. ¿Te sientes que has avanzado en tus logros o tu misión? Comparta esto con su grupo de estudio.

19

¡Dignos de Doble Honor!

"Los ancianos que dirigen bien los asuntos de la iglesia son dignos de doble honor, especialmente los que dedican sus esfuerzos a la predicación y a la enseñanza." (1 Timoteo 5:17)

Creo que una de las experiencias más hermosas que cualquier siervo de Dios pueda tener, es de servir a su líder, mentor o pastor. No creo yo que haya algo que compare con este gran servicio. El cuidar de un anciano [mentor] es lo más honorable que uno puede hacer y también creo que Dios los toma en alta estima.

Meditando sobre este pasaje me doy cuenta de que servir a Dios durante los tiempos de la iglesia primitiva era difícil. Por un lado, la iglesia estaba siendo perseguida por el gobierno romano y hasta cierto punto los miembros de la sinagoga tampoco estaban muy de acuerdo que digamos con la predicación del evangelio de Jesucristo.

La otra cosa también que hay guardar en mente, es que el simple hecho de promover las salvación y restauración del ser humano instigaba al enemigo contra la iglesia. En otras palabras, los ancianos pastores estaban bajo mucha persecución.

¿Quién es la persona que levantaría la causa de estos siervos de Dios? ¿Quién iba a proteger y cuidar de estos fieles soldados? Aparentemente, Dios tomo tiempo para tomar en cuenta de estos siervos de Dios y encargarlos en manos de todos los que estaban siendo bendecidos por ellos.

¿Qué es Doble Honor?

Para empezar, la palabra honor describe valor. ¿Cuánto valor tiene un siervo de Dios? ¿Cuánto se le puede considerar algo digno? No creo yo que haya el suficiente dinero como para repagarle por el tiempo y sacrificio que dan para servir en un ministerio de Dios.

El Apóstol Pablo le encarga al joven Timoteo que se asegure de dar doble honor a los ancianos que predican y dan enseñanza. Esto es hacer lo correcto delante del Señor – ¡siempre! Creo también que todo aquel que se dedica a cuidar y bendecir a un anciano siervo de Dios, será grandemente recompensado.

Mi Amado Pastor

Hace unos años atrás, durante mis tiempos de capacitación, la persona que fue mi padre espiritual y mentor en la capacitación del ministerio - me extendió la invitación de trabajar tiempo completo junto a él en su iglesia. Tengo que decir que estos fueron unos de los años más hermosos y fructíferos de mi vida espiritual y ministerio.

Durante mi servicio a Dios ahí en esa iglesia, vi mi vida crecer y aumentar en muchas áreas, gracias a mi mentor. Aunque no era fácil agradarle en muchos aspectos, era necesario para mi crecimiento. Hice el intento de servirle con todo mi corazón y como resultado, Dios me abrió los cielos y me dio mi propio ministerio a causa de mi servicio a mi pastor.

Mi pastor, este anciano de Dios, me enseñó muchas cosas, ¡especialmente como orar y buscar de Dios! Un día me dijo, *"David – ¡Dios siempre abrirá camino para un hombre de oración!"* Nunca se me olvido ese consejo tan transcendente.

Un día mientras el salía de viaje con su esposa, decidí hacer algo especial para él. Decide renovar su oficina y comprarle alfombra y una silla para su escritorio. El gasto no se comparaba con todo lo que él había hecho en mí y para mí. Lo hice con todo el corazón.

Los años han pasado y mi mentor/pastor ya está con el Señor. Lo que depositó en mi vida, no tiene precio. Mi corazón se regocija al saber que cuando yo le serví, fue con todo el corazón y con todas las ganas del mundo. ¡Él fue un hombre de doble honor!

Mis amados siervos en el evangelio, hay que aprender a servir a nuestros líderes con todo el corazón y con todas las fuerzas del mundo. Ellos, tal vez no son perfectos en todo ni del todo, pero si son dignos de doble honor.

Puntos de Impacto

1. Medita sobre estas palabras "doble honor." ¿Qué significan para ti y para los de tu grupo de estudio? Comparte este pensamiento con el grupo de estudio.

2. Muchos critican a sus pastores por diferentes razones. Para empezar, ellos son seres humanos como todos, y pueda que cometan errores. Esto no quita el hecho de que Dios los ha escogido para El. Hay que aprender a dar doble honor de todos modos. Comparte con tu grupo de estudio.

3. ¿Cuándo fue la última vez que demostraste doble honor a tu líder? Si no lo has hecho, es tiempo de demostrarle cuanto los aprecias. Comparte con tu grupo de estudio.

4. Siempre bendice con el corazón. Nunca lo hagas de compromiso. Esto no produce fruto.

5. Dios considera el bendecir a un anciano como algo

grande. No te pierdas la bendición y hazlo lo más pronto posible. Reta a tu grupo de estudio con esto.

20

¡Cuidado Con el *Obstinado*!

"Si alguien enseña falsas doctrinas, apartándose de la sana enseñanza de nuestro Señor Jesucristo y de la doctrina que se ciñe a la verdadera religión, es un obstinado que nada entiende. (1 Timoteo 6:3-4[a])

Es muy interesante en la forma que el Apóstol Pablo hace esta observación de todo aquel que enseña falsas doctrinas. Ahora, no sé qué tan falsas eran estas enseñanzas, pero lo que si sabemos que eran lo suficiente falsas como para exponer a los falsos maestros.

Para empezar, veamos cual era el gran problema de estas falsedades. Algo de interés aquí es, que durante los tiempos de la iglesia primitiva, había muchas creencias también. Unos creían en otros Dioses, otros creían en la enseñanza de los Fariseos, otros eran paganos, y no tenían ningún interés en el Dios de los judíos.

¡Apartados de la Fe!

El Apóstol Pablo primero nos dice que estos falsos maestros se habían apartado de la sana enseñanza de nuestro Señor Jesucristo.

No sé si se apartaron por razón de que había muchos que daban el contra a Jesús y lo que él representaba; pero sí que es increíble, las decisiones que uno toma, cuando uno está bajo presión.

Hay algo aquí que debemos aplicar como siervos de Dios y la aplicación es esta: Cualquier persona que quiera degradar, anular, criticar, o hacer desaparecer a la persona de Jesucristo, ¡debe ser maldecida!

La biblia claramente dice esto sobre el nombre de Jesucristo: **Este Jesús es la piedra desechada por vosotros los constructores, pero que ha venido a ser la piedra angular. Y en ningún otro hay salvación, porque no hay otro nombre bajo el cielo dado a los hombres, en el cual podamos ser[c] salvos."** (Hechos 4:11, 12)

El mundo, por siglos, ha querido deshacerse del nombre de Jesús. La fe cristiana ha sido atacada en todos los países y todo por nombrar el nombre de Jesús. Como usted puede ver o tal vez pueda haber escuchado, mientras la persona use el nombre Dios, no hay problema – ya que aquí el nombre de un poder más alto está generalizado. Pero si cualquier persona en cualquier tiempo o país nombra el nombre de Jesucristo – ¡todo el infierno atacará!

Creo que, por esta razón, muchos creyentes, no se atreven a predicar o a orar en público usando el nombre de Jesús.

El otro punto de atención, según el Apóstol Pablo, es sobre falsas doctrinas. Cualquier doctrina que no enseñe que Jesucristo es el camino, la verdad, y la vida, o cualquier doctrina que engrandezca la carne, ¡debe ser también expuesta y maldecida!

Una Persona Obstinada

¿Qué es una persona obstinada? ¿Cuál es esta característica? Veamos.

La palabra obstinada significa una persona arrogante e insensata. Cuantas personas conoce usted que caminan obstinadamente. Creen que saben todo, pero la realidad, es que no saben nada de lo que deben de saber.

Nuestro corazón debe siempre permanecer quebrantado delante de Dios, y nuestra presencia humilde delante de los hombres. También, lo creo sabio, que un siervo de Dios debe dar más tiempo a estudiar la biblia. Esto ayudará en que la persona no fácilmente caiga en error.

Puntos de Impacto

1. ¿Usted ha encontrado personas que den el contra en cuanto a la salvación en el nombre de Jesucristo?

Comparta sus pensamientos con su grupo de estudio.

2. El camino al Padre celestial es solo a través de Jesucristo. ¡Él es la única Puerta a Dios! Medite sobre este punto y comparta con su grupo de estudio.

3. ¿Usted ha escuchado de falsas doctrinas? ¿Cuáles son unas de las falsas doctrinas que usted ha escuchado? Comparta con su grupo de estudio.

4. Cuando el Apóstol Pablo dice que hay personas obstinadas, y que estas personas no saben nada, ¿Conoce usted personalmente a personas que son así? Comparta esto con su grupo de estudio.

5. ¿Cómo se trata a una persona obstinada? Comparta este tema con su grupo de estudio.

Lo que yo, personalmente, he encontrado cuando trato con personas obstinadas, es no tratar de comprobar mi punto de vista. No es necesario. Muchas personas son dadas a los pleitos y argumentos. Lo veo como oportunidad del enemigo en tratar de burlarse del nombre de Jesús. Lo que si hago en estas situaciones, es hacer mi declaración de que Jesús es la vida, la verdad, y el camino. Si la persona no lo acepta –¡Se pierde la oportunidad de conocer a Dios!

Volumen 4

21

¡El Amor al Dinero!

"**Los que quieren enriquecerse caen en la tentación y se vuelven esclavos de sus muchos deseos. Estos afanes insensatos y dañinos hunden a la gente en la ruina y en la destrucción. Porque el amor al dinero es la raíz de toda clase de males. Por codiciarlo, algunos se han desviado de la fe y se han causado muchísimos sinsabores.**" (1 Timoteo 6:9, 10)

He aquí un tema muy interesante en cuanto al dinero.

Mi pregunta es ¿Por qué el Apóstol Pablo habló sobre este tema en cuanto al obrero de Dios? O sea, el obrero de Dios no es bancario, ¿Cuál sería el motivo? Permítame compartir con usted este tema desde la perspectiva de un siervo de Dios.

Jesús Habló de Finanzas

En el nuevo testamento, Jesús habló mucho sobre el tema de dinero. En Sus múltiples enseñanzas sobre dinero, Jesús nos hizo entender que había dos dioses o maestros: El dinero y Él. Escuche esto: "**Nadie puede servir a dos señores, pues menospreciará a uno y

amará al otro, o querrá mucho a uno y despreciará al otro. No se puede servir a la vez a Dios y a las riquezas. Por eso les digo: No se preocupen por su vida…". (San Mateo 6:24-25)

Para empezar, veamos lo que Jesús dice sobre el amor al dinero.

¿Por qué razón, se enamora una persona del dinero? Veamos aquí lo que Jesús reveló en cuanto a esto.

Jesús nos dice en San Mateo 6:25, **"No se preocupen por su vida…"**.

He aquí la motivación por la cual muchos persiguen el dinero - es la preocupación de que beber o comer o tener. La preocupación nunca es buena. Es más, la preocupación, siempre ha sido la trampa de las personas que no confían en Dios. Hablan de tener fe en Dios, pero no practican la fe en Dios. O sea, la persona está atada a la idea de que, si no tengo dinero, no podré beber, comer o tener algo.

A veces a la persona que camina con Dios, se le da una fe diferente, una fe potente, una fe que quita todo temor, la fe para creerle a Dios y no temer si no hay dinero. Esto sería lo opuesto de la forma en que muchos caminan.

El único motivo por el que muchos persiguen el dinero y hasta se enamoran de el, es por esta simple razón, ¡están preocupados por sus propias vidas!

Cuando el Apóstol Pablo enseña esto a Timoteo en esta carta y le dice que, "Los que quieren enriquecerse caen en la tentación y se vuelven esclavos de sus muchos deseos," lo que le está tratando de advertir, es que cuando uno no confía en Dios, confiara en el dinero. Este intercambio de fe por Dios será la caída de muchos.

Esclavos de Sus Muchos Deseos

Un esclavo es una persona que le sirve a otra por dinero, conveniencia, o por fuerza. Nosotros los que le servimos a Dios de corazón, seremos tentados a caer en muchos deseos carnales, a punto de volvernos esclavos de nuestros deseos.

La persona que dice, *"Yo le creo a Dios y pongo mi confianza en Dios en todas las cosas,"* me gustaría verlo caminar por fe por un par de meses y creerle a Dios para que le supla toda necesidad. Sería muy interesante ver esto y que lección tan hermosa aprendería.

El Apóstol Pablo termina diciendo que el amor al dinero es la raíz de toda clase de males y por codiciarlo muchos se han apartado de la fe. El siervo de Dios debe entender estos principios. Cuando Dios nos llama a caminar por fe, hay que saber que esto simplemente significa, el poner nuestra confianza en Dios – que el proveerá toda necesidad. Juntamente con esto, debemos estar al cuidado de no caer en la mentira, ¡Que el dinero, es la respuesta de todo!

Puntos de Impacto

1. ¿En tu vida de fe, has caído en la tentación del dinero? Se honesto y comparte estos pensamientos con tu grupo de estudio.

2. ¿Te has preocupado en tiempos de escasez? ¿Qué hiciste cuando se te presento este desafió?

3. El Señor Jesucristo habló de dos maestros. ¿Has caído en las manos del maestro del dinero? Comparte esto pensamientos con tu grupo de estudio.

4. ¿Cómo ves la enseñanza del Apóstol Pablo en cuanto al dinero? ¿Qué aprendiste? Comparte estos pensamientos con tu grupo de estudio.

5. Finalmente, la preocupación siempre ha sido la prueba de muchos. Caer en preocupación nos robará de lo que Dios puede hacer en nosotros y a través de nosotros. Cuidado de no caer en tratar de re-

solver nuestras propias necesidades en nuestras propias fuerzas. Comparte este pensamiento con el grupo de estudio.

22

¡Hombre de Dios!

"Tú, en cambio, hombre de Dios, huye de todo eso, y esmérate en seguir la justicia, la piedad, la fe, el amor, la constancia y la humildad." (1 Timoteo 6:11)

El honor de ser llamado un hombre de Dios tiene que ser uno de los complementos más grandes en la vida de un siervo de Dios. Y lo que hace a este complemento aún más potente y creíble, es que el Apóstol Pablo fue el que lo dijo.

Estas palabras de reconocimiento de parte del Apóstol Pablo, le da mucha credibilidad a Timoteo en un nivel más alto de seriedad. Yo no creo que fuera normal para el Apóstol Pablo dar reconocimientos a cualquiera – ¡no señor! - esto fue un gran reconocimiento a Timoteo delante de los líderes de la iglesia.

Hermanos, a veces las opiniones de nuestros líderes, nos pueden establecer o destruir, delante de otras personas. Es por eso, que es de gran importancia que cada siervo de Dios, camine, bajo sujeción y autoridad, rindiendo cuentas a la persona que los envía.

¡Hay Que Saber Cuando Huir!

Después de exhortar al joven Timoteo, el Apóstol Pablo le dice, "huye de todo eso…". ¿Qué es exactamente "todo eso"? Veamos.

Todo eso significaba todas las cosas en las que muchos siervos de Dios andaban envueltos, o sea, cosas que no tenían nada que ver con los propósitos de Dios. Esas cosas eran la envidia, la codicia, el amor al dinero, los argumentos doctrinales, y muchas cosas más de naturaleza carnal y pecaminosa. El Apóstol Pablo simplemente le dice a Timoteo, ¡huye de todo eso!

La palabra huye significa escapar. El Apóstol Pablo básicamente le está diciendo, "¡Escápate de esto Timoteo! ¡No dejes que estas cosas te alcancen y te ahoguen!"

¡Esmérate!

Al decirle Pablo que huya de esas cosas, luego le dice que persiga lo bueno.

Uno de los peligros en nuestro caminar con Dios es dejar lo viejo sin llenar el vacío que nos queda con algo que envuelva los propósitos de Dios.

Muchas veces creemos que el enemigo ya nos dejó en paz, pero la verdad es que en esta guerra espiritual, el combate sigue y sigue. No podemos dormir pensando que el enemigo ya se dio por vencido.

Es por esta razón que Pablo le dice a Timoteo, **"esmérate en seguir la justicia, la piedad, la fe, el amor, la constancia y la humildad."**

Veamos más a fondo las cualidades que el Apóstol Pablo le recomienda a Timoteo seguir y su significado...

Seguir la justicia. Pablo le dice a Timoteo que siga los estandartes que se le había enseñado. Que persiga las leyes morales y siempre se mida por el estandarte de una vida moral.

La piedad. Luego le dice que persiga la piedad, o sea, lo que sea de agrado para Dios. Una práctica devota a Dios y creencias apropiadas.

La fe o fidelidad. Pablo reta a Timoteo que sea fiel, confiable y honesto. Estas cualidades nos llevarán a la promoción si las perseguimos.

El amor. Pablo también le pide a Timoteo que persiga el amor; una emoción fuerte de afección. Que se dedique a desarrollar esta emoción. Aprender ha como amar aún más, no le hace mal a nadie.

La constancia o paciencia. La palabra constancia aquí tiene que ver con el aferrarse a Dios. El aguantar hasta que le prueba pase. El Apóstol Pablo le dice a Timoteo que se dedique a vivir este tipo de vida. Obvio, la iglesia estaba pasando días de gran persecución, y creo que con mucha razón y motivo el Apóstol Pablo lo decía.

La humildad. Esta palabra significa apacible y templado. Entre muchos de los siervos de Dios que se encontraban en estos tiempos, muchos de ellos se habían desviado de la fe, para perseguir otros intereses que no eran de Dios. El hombre de Dios debe siempre buscar ser apacible y templado, o tranquilo.

Puntos de Impacto

1. Cuando escuchas que una cierta persona es un hombre de Dios, ¿Qué pensamientos vienen a ti? Comparte estos pensamientos con tu grupo de estudio.

2. ¿En tu vida has tenido un mentor que te haya instruido en tu vida personal? Comparte estos pensamientos con tu grupo de estudio.

3. En tu vida cristiana, ¿Qué cosas estas persiguiendo para tu beneficio espiritual? Comparte con tu grupo de estudio.

4. ¿Leíste la lista de las características que el Apóstol Pablo le dio a Timoteo? ¿Cuáles de ellas has podido formar y poner en práctica, en tu propia vida? Comparte estos pensamientos con tu grupo de estudio.

5. Finalmente, ¿Qué otras cosas que no se encuentran en esta lista de cualidades, has encontrado útil para tu caminar en Dios? Comparte estas cualidades con tu grupo de estudio.

23

¡La Buena Batalla!

"Pelea la buena batalla de la fe; haz tuya la vida eterna, a la que fuiste llamado y por la cual hiciste aquella admirable declaración de fe delante de muchos testigos." (1 Timoteo 6:12)

Meditando sobre las palabras del Apóstol Pablo a Timoteo, le dice, **"Pelea la buena batalla de la fe..."** A veces creo que muchos siervos de Dios pasan desánimos en sus vidas personales, en sus ministerios, y el desafío de seguir en la obra, a veces no es conveniente, ya que muchos los critican, los desaniman, o los desprecian.

¿Qué se debe hacer cuando todo mundo parece estar contra ti?

Pelear la Buena Batalla de la Fe

Pelear en tu espíritu no es fácil. Es más, creo yo, en lo personal, que esto es uno de los mayores retos para todo siervo de Dios. Esta pelea de fe, que llamamos, es de verdad algo profundo; creo que son asuntos de carácter.

Cuando el siervo de Dios no ha sido probado en su carácter, es muy fácil fracasar en la obra de Dios. Una persona que no ha podido vencer la situación de baja autoestima, sus dudas, sus temores, y sus luchas personales, no podrá vencer a nadie en el campo de batalla espiritual.

El Apóstol Pablo continúa exhortando a Timoteo y le dice, **"haz tuya la vida eterna a la que fuiste llamado..."** O sea, pase lo que pase, no dejes de ir de la mano de Jesucristo. Él te llevara a la victoria, ¡solo no te sueltes de Su mano!

Algo de importancia aquí es esto de la vida que Dios da. El enemigo ataca la vida que tienes dentro. Su interés no es tu ministerio, su interés es esta vida que te mueve y te dirige a vivir la vida que vives y hacer las obras que haces para con Dios. ¡Este es su verdadero interés!

Creo que a veces por querer cuidar el ministerio, descuidamos la vida personal. Por querer establecer una iglesia fuerte, descuidamos el matrimonio, o la familia. Por querer quedar bien con otros pastores, descuidamos nuestras convicciones y enseñanzas bíblicas. Así es.

Cualquier cosa que nos quite vida, debe ser destruido en nosotros. No podemos correr el riesgo de quedar bien con cosas que no dan vida a nuestro ser.

Falta de Una Vida Íntima Con Dios

Hace unos años atrás, conocí a un siervo de Dios que era muy carismático y lleno del Espíritu de Dios. Su ministerio de milagros era muy reconocido aquí en la región donde yo vivo; este varón de Dios pasó por una situación en su vida que lo llevó a un naufragio espiritual.

Un día, de repente, se desanimó muchísimo. Ya no quiso seguir la obra del ministerio, ya no quiso hablar con nadie y se aisló de todo mundo. Rechazaba la oración de hermanos que deseaban ayudarlo y orar por él, etc.

¿Cuál fue la causa de su caída?

Lo que parecía ser de repente, de verdad no era. El hecho aquí es que el hermano había dejado de buscar a Dios por entretener su ministerio. La vida que le dio ese ministerio, también se lo quito. Cuando su vida en Dios dejo de existir, también su ministerio dejo de existir.

En mi vida personal, yo he reconocido este hecho. He vivido lo suficiente para ver esta realidad. Lo he visto en muchos obreros de Dios. Empiezan con un gran quebrantamiento y humildad sobre sus vidas, trabajan para Dios con gran nobleza y luego descuidan de la unción que Dios les encomendó y en el tiempo debido, deja de existir ese ministerio.

Reconocer, Humillarse, Arrepentirse y Esperar

Si una persona cae en estas situaciones que he nombrado aquí en este capítulo, yo no creo que todo este perdido. El obrero puede humillarse delante de Dios, reconocer su falla, y correr hacia la presencia de Dios y meterse bajo la sangre del Cordero y esperar en Dios para ser restaurado.

Yo no creo que Dios termina con una persona que cae. Creo que Dios puede restaurar al peor de pecadores y establecerlos en Su obra.

Puntos de Impacto

1. ¿Qué significa, "pelea la buena batalla" para ti? Comparte con tu grupo de estudio.

2. ¿Te has encontrado en tiempos de desánimo luchando contra fuerzas que no te puedes explicar? ¿Cómo venciste? Comparte con tu grupo de estudio.

3. La vida de Dios es lo que te da la unción en tu vida. Esta vida es muy importante. Comparte con tu grupo

de estudio y realízales la pregunta acerca de si tienen esta vida en ellos.

4. La oración personal es la clave para mantener esta vida vibrante. ¿Cuánto tiempo pasas en la presencia de Dios al diario?

5. Continuar en la obra del Señor no es fácil, pero si decides servirle, Dios te capacitara con todo lo necesario para vencer. Pregunta a los de tu grupo de estudio si alguien siente llamado para servir a Dios en el ministerio.

24

¡Poniendo Nuestra Esperanza en Dios!

"A los ricos de este mundo, mándales que no sean arrogantes ni pongan su esperanza en las riquezas, que son tan inseguras, sino en Dios, que nos provee de todo en abundancia para que lo disfrutemos." (1 Timoteo 6:17)

Algo que he aprendido en mi servicio a Dios es la realidad de esta lección – una de las lecciones más difíciles de aprender, es la de confiar en Dios para la provisión diaria. Esto de verdad que no es nada fácil. Creo que no muchos han podido vencer este gran desafío y por tan difícil que sea, permítame compartir mi sentir en este tema.

Para empezar, el Apóstol Pablo le pide a Timoteo que les hable a los ricos y les advierta que no sean arrogantes y que no pongan su esperanza o confianza en riquezas. Al meditar en esto, me doy cuenta, que no solo el rico pone su confianza en riquezas, si no que esa es la tentación de toda persona.

Otro aspecto que también he observado es el pecado de codicia. La codicia y la avaricia son dos pecados que se relacionan mucho con el dinero. Estos pecados son más el pecado del pobre, que del rico.

Deje le explico: Cuando el pobre recibe un poco de dinero, tiende a posesionarse de el, que no lo invierte en algo bueno, y su pecado se va de codicia a la avaricia. El rico no tiene ese problema, pues está acostumbrado a tener dinero siempre.

¡Riquezas Inseguras!

Enseguida, el Apóstol Pablo, menciona algo de gran interés; menciona el motivo de porque uno no debe poner su confianza en dinero. El Apóstol Pablo hace la declaración que el dinero es inseguro. ¡Esto es muy cierto!

Cuando a la persona le falta dinero, puede hasta quitarse la vida, de la desesperación que recibe de no tenerlo. La falta de dinero puede causar muchos conflictos internos y externos. Algo que hemos visto en cuanto al dinero, o la falta de dinero, es que hace a las personas hacer cosas que están fuera de su carácter.

Esta también verificado, que la falta de dinero es la causa de muchos divorcios en el mundo entero.

No es necesario comprobar que el amor al dinero es la raíz de muchos problemas en la vida de cualquier persona.

Desplome de la bolsa de valores de 1929

He aquí una tragedia en nuestra historia situada en Estados Unidos…

El martes negro llegó a Wall Street cuando los inversores negociaron alrededor de 16 millones de acciones en la Bolsa de Valores de Nueva York en un solo día. Se perdieron miles de millones de dólares, acabando con miles de inversores. Después del Martes Negro, Estados Unidos y el resto del mundo industrializado cayeron en espiral hacia la Gran Depresión (1929-39), la recesión económica más profunda y duradera en la historia del mundo occidental industrializado hasta ese momento.

La historia nos dice que muchas personas se volvieron locas, cometieron suicidio, dejaron familias, y muchas cosas más – a cambio de esta gran tragedia monetaria y económica.

¡El Proveedor es Dios!

Lo que necesitamos saber aquí es, ¿Quién provee para nosotros? O sea, ¿Quién es el que abre las oportunidades para nosotros de poder tener dinero? Escuche esto en Deuteronomio 8:18, **"Recuerda al Señor tu Dios, porque es él quien te da el poder para producir esa riqueza; así ha confirmado hoy el pacto que bajo juramento hizo con tus antepasados."**

Ahora bien, cuando nos damos cuenta de que es Dios el que nos da la habilidad de producir riquezas, entonces nuestra mentalidad cambia. La avaricia y codicia ya no podrá vencernos mientras nuestra mentalidad este enfocada en Dios como Proveedor.

Puntos de Impacto

1. Confiar en Dios es uno de los mayores retos para cualquier siervo de Dios. ¿Usted como a tratado con esta prueba? Comparta con su grupo de estudio.

2. ¿Cuál es la diferencia de confiar en Dios y confiar en su trabajo? Comparta estas dos ideas con su grupo de estudio.

3. Defina lo que significa la codicia. Comparta esta definición con su grupo de estudio y haga una encuesta de cuantos han caído en su trampa.

4. Defina lo que significa la avaricia. Comparta esta definición con su grupo de estudio y haga una encuesta de cuantos han caído en su trampa.

5. Memorice la escritura de Deuteronomio 8:18. Hágalo en grupo.

25

¡Cuida Bien Lo Que Se Te Ha Confiado!

"Timoteo, ¡cuida bien lo que se te ha confiado!" (1 Timoteo 6: 20a)

Cuando una persona nos pide que cuidemos algo, esto solo puede significar una cosa, *"proteger lo que se nos ha puesto en nuestra mano, nuestra mente, nuestra bolsa, nuestra vida, etc."* La palabra cuida o cuidar en el idioma griego significa diferentes cosas. Permítame compartir con usted varias de estas definiciones.

La palabra cuida o cuidar tiene como definición *"un guardián."* ¿Qué es un guardián? El guardián es una persona *que protege, especialmente durante las noches cuando las personas duermen.* Su observación debe ser deliberada y consciente. Otras definiciones serian, *proteger, cuidar, tomar en cuenta, o poner atención.* También significa *estar en guardia contra alguien o algo.*

En forma de verbo, la palabra cuidar significa: *"mantenerse despierto" con la intención de protegerse contra algo o alguien.*

Profundizando más la definición de cuidar, está la idea de guardar lo que el Señor dice, lo que el Señor pide, o lo que el Señor decreta - como Su patrón de orden.

Todas las definiciones que se encuentran aquí son el significado de la palabra cuidar. El Apóstol Pablo le dijo a Timoteo, cuida lo que se te ha confiado. En otras palabras, hay muchas cosas importantes en la vida, pero hay sólo unas cuantas de suma importancia; y estas eran las que Pablo le pidió a Timoteo que cuidará.

Toda persona que camina con Dios ha tenido la oportunidad de posicionar su vida para caminar en el propósito de Dios. Esto se puede cumplir cuando una abraza las enseñanzas de Dios y las aplica en su vida personal.

Hay ciertas cosas que nos han impactado la vida. ¡Estas prácticas no tienen precio! Por esa razón debemos cuidarlas, o protegerlas para que nadie nos quite estas enseñanzas prácticas.

He aquí una serie de cosas que, en mi opinión, debemos cuidar:

1. Tu vida devota a la oración personal. Si no cuidas tu vida personal de oración, nadie lo hará por ti. Este tal vez sea el más importante ejercicio espiritual para el crecimiento del siervo de Dios. Si uno no cuida su vida de oración personal, uno no podrá conocer la voluntad de Dios en su plenitud. Recuerde que muchas cosas atacarán este ejercicio: el sueño, el cansancio, la falta de disciplina, el enfoque mental, etc. ¡Cuidado!

2. *Tu vida de estudiar la Palabra de Dios.* Otra cosa de suma importancia es el estudiar la biblia. Cuida que nadie te robe este tiempo de leer tu biblia y estudiarla. He aquí la mente de Dios escrita. ¡El diablo lo sabe muy bien! Cuida todo lo que hay dentro de ti.

3. *Tu vida de vivir una vida santa y pura para con Dios.* El enemigo te seducirá una y otra vez; el enemigo hará el intento de tentarte con mujeres, con dinero, con la gloria de los aplausos de la gente, ¡pero cuida tu vida!

4. *Tu vida en cuanto a ser luz para el mundo con el evangelio de Jesucristo.* Cuida el fuego de Dios en tu vida para que no pierdas tu testimonio de quien es Jesús. La necesidad de ser testigo de lo que Dios ha hecho en ti, es el poder del evangelio en aquellos que no creen. Dios nos está llamando a cuidar el celo de Dios en cuanto a las almas perdidas. Nunca dejes que nada te quite el fuego de testificar acerca de todo lo que Dios ha hecho.

5. *Finalmente, cuida en tu vida los dos propósitos de Dios.* El primer propósito de Dios es de buscar Su rostro con toda tu alma, tu corazón y tus fuerzas. Cuida que este deseo nunca se pierde en ti.

El segundo propósito de Dios en ti es cuidar que nunca te olvides de ganar almas perdidas para Jesucristo. A esto fuimos llamados. No dejes que nadie te quite este anhelo en tu vida.

Puntos de Impacto

1. ¿Qué significa la palabra cuidar para ti? Comparte esto con tu grupo de estudio.

2. ¿Has experimentado descuido en tus principios bíblicos alguna vez en tu vida? Comparte esta experiencia con tu grupo de estudio.

3. ¿Cuál fue el resultado de vivir decididamente por un tiempo? Comparte esto con tu grupo de estudio.

4. ¿Qué le dirías a otro discípulo en cuanto a la importancia de cuidar? Comparte este pensamiento con tu grupo de estudio.

5. Finalmente, ¿Hay más cosas en tu lista personal, que tú crees sería necesario cuidar? Haz una lista y comparte con tu grupo de estudio.

Para la Compra de Más Libros Escritos por David Mayorga

Visite nuestra pagina:

www.shabarpublications.com

www.ingramcontent.com/pod-product-compliance
Lightning Source LLC
Chambersburg PA
CBHW071457070526
44578CB00001B/369